Dem Ingenieur ist nichts zu schwer

Dem Ingenieur ist nichts zu schwer,
er lacht und spricht: Wenn dieses nicht, so geht
doch das.
Er überbrückt die Flüsse und die Meere,
die Berge unverfroren zu durchbohren, ist ihm
Spaß.
Er türmt die Bögen in die Luft,
er wühlt als Maulwurf in der Gruft,
kein Hindernis ist ihm zu groß,
er geht drauf los.

Was heut´ sich regt mit hunderttausend Rädern,
in Lüften schwebt, in Grüften gräbt und stampft
und dampft und glüht,
was sich bewegt mit Riemen und mit Federn,
und Lasten hebt, ohn´ Rasten webt und locht und
pocht und sprüht,
was durch die Länder donnernd saust
und durch die fernen Meere braust –

das alles schafft und noch viel mehr
der Ingenieur.

Heinrich Seidel

Dem Inschenör
ist nichts zu schwör (Daniel Düsentrieb)

Fotos: Ute Biermann-Hohn, Emilio Banchi, Matthias Goth (Tauchgondel), H.-Joachim Lingelbach (U-Boot Nemo), Jörg Niemzik (Technikmuseum Speyer/Sinsheim), Unterlagen Anton Dinkel, Archiv Helge Biermann sowie Bernd Guido Weber

Coverdesign Moritz Weber (Berlin), Coverfoto: Probefahrt, Ute Biermann-Hohn

Herstellung und Verlag:
Books on Demand GmbH, Norderstedt

ISBN: 9783837080735

Erstauflage 2008

Die letzte Fahrt des „Tigerhai"

Der Wertheimer Erfinder
Anton Dinkel

Inhalt

Prolog

Franco Vigano, 34 und Vater zweier Kinder, will nur kurz eine Fahrt mit dem „Tigerhai" filmen, für das „Telegiornale" des Schweizer Fernsehens. Mithilfe der Profi-Filmkamera Arriflex zeigen, wie die Unterwasserwelt aussieht, aus Sicht des Passagiers dieses neuen Zwei-Mann-U-Bootes. Den Film entwickelt der wissenschaftliche Dienst der Schweizer Kantonspolizei sechs Monate später in einem Speziallabor, nach der Bergung.

Bei der Überwasserfahrt im Lago Maggiore am 16. Januar 1965 sieht alles noch gut aus. Der Mailänder Fotograf Emilio Banchi macht die letzten Bilder, die später im *stern* erscheinen. Eigentlich soll Banchi als Erster mit dem „Tigerhai" tauchen, aber weil Vigano in Eile ist, überlässt er ihm den Vortritt.

Dann geht alles schief, was schief gehen kann. Der Lenker des Mini-U-Bootes, Ingenieur Eduardo De Pauli, 46, trimmt das Boot nicht korrekt. Kopflastig taucht es jäh ab, anstatt sanft unter Wasser zu schweben. Für die halbstündige „Spazierfahrt" hat De Pauli nicht einmal die Sauerstoffflaschen geöffnet. Die Patronen, die das CO_2 aus der Innenluft filtern sollen, sind falsch angeschlossen. Die Notfall-Ausrüstung, zwei Tauchgeräte zum Ausstieg, sind nicht an Bord. Der Schlüssel zum Abwerfen des Bleiballastes fehlt. Das als unsinkbar geltende Unterwassergefährt, hat zudem eine Auftauchautomatik, die bei 33 Metern Tiefe eingreift. Diese Tiefe wird nicht erreicht, aber De Pauli hat die Automatik sowieso nicht aktiviert. Und seinem Passagier nicht mitgeteilt, wie er die Plexiglaskuppel über sich öffnen, sich retten kann.

De Pauli stirbt an einem Herzinfarkt. Franco Vigano kritzelt auf einen Zettel: „Wir sind in 30 Meter Tiefe, ich kann den Schalter für die Sauerstoffflasche nicht finden." Er lebt vermutlich noch drei, vier Stunden.

Eine menschliche Katastrophe. Henry Nannen, Herausgeber des *stern*, sichert sich die exklusiven Rechte. Je länger das U-Boot nicht gefunden wird, desto heftiger wabern die Gerüchte. Fremde Geheimdienste hätten es entführt, heißt es. Oder: Die Besatzung habe sich heimlich aus dem Staub gemacht. Wahrsager, Seher, Pendler bieten Anton Dinkel ihre Dienste an.

Für den Erfinder Anton Dinkel ist es das geschäftliche Aus. Ein nicht wieder aufgetauchtes U-Boot ist keine gute Werbung. Auch wenn die akribisch arbeitenden Schweizer Polizei-Wissenschaftler später als Unglücksursache eine unglaubliche Abfolge menschlichen Versagens feststellen. Dem „Tigerhai" attestieren, es sei nach der Bergung, sechs Monate unter Wasser, technisch völlig in Ordnung. Der Wertheimer Erfinder ist ruiniert. 15 seiner Tauchboote sind bereits ausgeliefert, 15 weitere im Bau, rund 130 Verträge über weitere geschlossen. Aber Dinkel hat sein von den Banken geliehenes Vermögen aufgebraucht. Kooperationen - mit Messerschmidt, mit Quandt, mit Sikorsky - kommen nicht zustande.

Die Ära des „Tauchbootes für jedermann" ist vorbei, bevor sie richtig begonnen hat.

Wertheim 1540

Anno 1540. Amerika ist entdeckt. Die Neue Welt ist zwischen Spanien und Portugal aufgeteilt. In Peru wütet der Eroberer Francisco Pizarro, der ein Jahr später ermordet wird. Karl V. herrscht als römisch-deutscher Kaiser über „ein Reich, in dem die Sonne nicht untergeht." In England ist Henry VIII. König, lässt zwei seiner sechs Ehefrauen aufs Schafott führen. In Rom residiert Papst Paul III, einer der liederlichsten Päpste der Kirchengeschichte. Blutschande, Giftmorde, Vater dreier Kinder. In der Türkei erweitert Suleiman II, genannt „der Große", stetig und gewaltsam das muselmanische Reich, Ungarn ist türkisch, Wien noch mal davongekommen.

Der Bauernkrieg ist vor 15 Jahren niedergeschlagen, nicht nur vom „Bauernjörg" in Oberschwaben, sondern auch von den Schergen des Würzburger Fürstbischofs. Der „Pfeiferhannes von Niklashausen", Vorkämpfer der Bewegung für die bäuerlichen Rechte, endet bereits 1475 auf dem Scheiterhaufen in Würzburg.

Im mainfränkischen Städtchen Wertheim regiert das Geschlecht der Grafen von Wertheim. Noch. Diese treten seit dem Jahr 1132 in Wertheim auf, am Zusammenfluss von Main und Tauber. Auf der Höhe über beiden Flüssen bauen sie eine Burg, auch der Minnesänger und Dichter Wolfram von Eschenbach ist zu Gast. 1540 entsteht die erstaunliche Doppelwendeltreppe im früheren gräflichen Haus in der Stadtmitte, später Ratshaus, heute Grafschaftsmuseum. Michael III. ist der letzte aus dem Mannesstamm, mit seinem Tod stirbt das Geschlecht der Grafen von Wertheim aus. Es beginnt, nach einem

Interregnum, die Ära Löwenstein. Seit den 1520er Jahren ist Wertheim eine rein protestantische Stadt, Katholiken sind nicht zugelassen.

Abseits der spanischen Eroberungen, der drohenden Türken, der religiösen Kämpfe und der wohlgeborenen Adeligen herrscht im kleinen Wertheim Alltag. Die Gegend ist fruchtbar und mit mildem Klima gesegnet.

Wertheimer Wein ist begehrt

Es geht um die Rebhänge für den manchmal herben Wein, vor allem der kleintraubige Sylvaner wird angebaut. Der Wertheimer Wein ist nicht erst zu Goethes Zeiten in „Teutschland" sehr gefragt. Bereits Anfang des 16. Jahrhunderts bestellen die Kurfürsten zu Sachsen und Brandenburg bei Wertheimer Händlern einige Fuder als ihren Mundwein. Wertheimer Wein geht nach Bayern, nach Böhmen, anderswohin. Die Herstellung von Wolltuch führt zu florierendem Handel, Wertheimer Kaufleute besuchen die Frankfurter Messe, Märkte wie Nördlingen oder Schwäbisch Hall.

Das Leben in Wertheim dreht sich außerdem um Anbau und Ernte von Garten- und Feldfrüchten, um den Fischfang (Weißfische, Zander, Hecht, Lachs, Waller, Tauberforelle), um das in Zünften organisierte Handwerk. Der Getreidehandel floriert. Handelsgut ist auch der als Baumaterial begehrte rote Sandstein, daraus gebaut sind ganze Dörfer und Städte, die mächtige Wertheimer Burg sowieso. Wichtig für Wertheim ist der Handel. Und die Kontrolle der Handelswege. Der Zoll bringt Geld ein.

1673: Der Kupferstecher Merian, der in Wertheim ein Haus hatte, zeigt die Verbrennung französischer Proviantschiffe auf dem Main durch kaiserliche Truppen.

Wer nicht auf dem Main fährt, sondern über Land reist, braucht Pferde. Die benötigen Hufeisen, um den empfindlichen Huf zu schonen. Das besorgt der Hufschmied, in einer der Gassen der Wertheimer Altstadt. Er beschlägt auch die hölzernen Wagenräder mit Eisen, schmiedet Hacken, Pflugscharen und alles sonst, was aus Eisen ist. Weil - so eine schöne Wertheimer Geschichte - immer wieder spezielle Wagen gebraucht werden, um schwere Sandsteine und anderes zu transportieren, baut er ab 1540 Fuhrwerke. Seit diesem Jahr gibt es den Fahrzeugbau Dinkel. Es ist damit das älteste deutsche Fahrzeugbau-Unternehmen.

Seit Jahrhunderten bauen also die Dinkels Fuhrwerke und Gespanne für Ochsen und Pferde, später Anhänger und besondere Karosserien für Lastwagen und schwere Zugmaschinen. Nur Anton Dinkel, geboren am 25. Mai 1924 in Wertheim, konstruiert Boote, die tauchen können. Den „Tigerhai".

Uralte Schmiedetradition

Wie alle schönen Geschichten ist auch diese etwas komplexer, so man genauer hinschaut. Otto Langguth, Heimatforscher und Vater des ebenfalls sehr um die Historie Wertheims verdienten ehemaligen Stadtarchivars Erich Langguth, hat dies getan. Leider liegt die Arbeit von Otto Langguth über die Wertheimer Schmiede im Archiv der Stadt Wertheim in Bronnbach nicht vor, ist auch weder in Wertheimer Jahrbüchern zu finden noch im Archiv der Wertheimer Zeitung, der ältesten Tageszeitung am Ort.

Kühner Kampfeszorn

Erich Langguth erinnert sich folgendermaßen an das Werk seines Vaters über die Wertheimer Schmiede: Im Jahr 1540 habe es in Wertheim einen Schmied mit dem wohlklingenden Namen Neidhardt (von althochdeutsch nit = Kampfeszorn und hart = stark, kühn) gegeben. Dieser Neidhardt habe Rösser beschlagen, und auch die Räder der Fuhrwerke. Die Fahrzeuge selbst baute der Wagner, auch Stellmacher genannt. Im Laufe der Jahrhunderte habe die Schmiede öfters den Besitzer gewechselt, bedingt durch Vererbung oder Heirat der Töchter.

Übernommen haben die Dinkels die Schmiede in Wertheim, damals an der Ecke Vaitsgasse und Nebenzollgasse gelegen, nach den Erinnerungen von Erich Langguth wohl erst später: Nämlich mit dem Großvater von Anton Dinkel, der aus Kreuzwertheim kam. Dr. Jörg Paczkowski vom Wertheimer Grafschaftsmuseum und Historischen Verein Wertheim bestätigt, es habe noch im Jahre 1676 den Hofschmied Johannes Neidhardt gegeben, nachzulesen in einem historischen Jahrbuch der 20er Jahre. Im Jahre 1816 sind in Wertheim vier verschiedene Schmiede zugange.

In einem Zeitungsartikel über die Firma Dinkel in den Fränkischen Nachrichten vom 1./2.September 1951 steht geschrieben: „Die Schmiede am Vaitstor, deren reichhaltige Geschichte man an Hand von Kirchenbüchern sowie Pfarr- und Archivakten bis zum Jahre 1540 zurückverfolgen kann, darf als das älteste Wertheimer Handwerksunternehmen gelten. Dreizehn

Geschäftsinhaber trugen ihren Namen .... in die nähere und weitere Umgebung. [...]." Diesen Zeitungsartikel hat das Stadt- und Staatsarchiv Wertheim-Bronnbach in seinem Bestand.

Nikolaus Dinkel studiert 1517

Im Wertheimer Jahrbuch 1931, S. 83, steht: Den Namen Dinkel gab es wohl schon vor 1540 in Wertheim, denn in seinem Aufsatz „Aus alten Universitätsmatrikeln: Studenten aus Wertheim und Umgebung" führt Gustav Rommel einen Nikolaus Dinkel auf, der 1517 in Wittenberg studierte.

Erich Langguth stellt dazu „mit Brief und Siegel" fest, vor dem 19. Jahrhundert habe es in Wertheim keinen Dinkel gegeben. Bei dem oben angegebenen Wittenberger Studenten Nikolaus Dinkel müsse es sich um einen „Wertheimensis" gehandelt haben, also um einen Mann aus der Grafschaft Wertheim. Die Familie Dinkel sei um diese Zeit mit Sicherheit in Sachsenhausen, einem Dorf nahe Wertheim, ansässig gewesen, wovon auch das Wertheimer Stadtbuch 1560/1580 Auskunft gebe. Der Namen „Dinkel" leitet sich von einer Getreideart her, verbreitet ist dieser Name im Hohenlohischen.

Im Jahr 1626, so Langguth, habe ein Dinkel aus Sachsenhausen in Kreuzwertheim eingeheiratet. Dieser sei zum Stammvater einer weit verzweigten Kreuzwertheimer Dinkel-Sippe geworden.

Belegt ist, dass Anton Dinkel, der spätere Erfinder, mit der Schmiede aufwächst. Sein Vater Christoph, der im April 1965 mit 72 Jahren stirbt, ist Schmiedemeister. Johann Christoph Dinkel senior, so die Auskunft des Leiters des Wertheimer Grafschaftsmuseums, Dr. Paczkowski, ist 1925 gestorben. Geboren wurde der Schmied 1868 in Kreuzwertheim.

Vater und zwei Söhne arbeiten gemeinsam

Nach dem Krieg, als Transportmittel gefragter denn je waren, bauen die Dinkels verstärkt Anhänger, Tieflader, Sonderfahrzeuge, Aufbauten für Lastkraftwagen. Mit landwirtschaftlichen Anhängern ist Antons Vater schon vor dem Krieg auf dem Markt. Es arbeiten Vater Christoph mit seinem Sohn Anton und seinem zweiten Sohn Kurt.

Kurt und Anton Dinkel errichten in den 50er Jahren ein neues Werk im Industriegebiet von Wertheim-Bestenheid, nur für Anhänger und Sonderaufbauten, etwa für den Opel-Blitz. Anton Dinkel, lungenkrank und an der Werkbank nicht so belastbar, dafür mit BWL-Examen, sitzt im Büro und leitet alle Bürotätigkeiten. Er kümmert sich um Vertrieb, Verkauf und Abrechnung, Bruder Kurt um die Fertigung und die Produktion.

Aber Anton will etwas Eigenes machen, zumal es mit Bruder und Schwägerin nicht immer harmonisch zugegangen sein soll. So baut er U-Boote, ab 1961. Zunächst nebenbei, später gründet er eine eigene Firma. Sich selbst sieht er in der Tradition eines „uralten Wertheimer Handwerksgeschlechts, seit 1589 oder so."

Die Schmiede prägt Anton Dinkel

Die Dinkel'sche Schmiede mit Fahrzeugbau prägt jedenfalls den jungen Anton. Seine ungezählten Erfindungen haben mit der alten Handwerkstradition zu tun. Und mit seinem besonders fantasievollem, manche sagen: fast abenteuerlichem Naturell. Er selbst spricht von über 100 Patenten, nicht nur im Boots- und Fahrzeugbau, sondern auch auf medizinischem Gebiet, oder bei Holzverbindungen im Möbelbau. Vom Verfasser dieses Buches gefragt, wie man Erfinder wird, sagt Anton Dinkel: „So was liegt im Blut, das Konstruieren. Das kann man nicht lernen."

Eines der seltenen Fotos von Anton Dinkel – hier zu seinem 60. Geburtstag.   Foto: Ute Biermann-Hohn

Dinkel hisst die weiße Flagge

In die Geschichtsbücher eingegangen ist Dinkel erstaunlicherweise nicht mit dem „Tigerhai", dem von ihm konstruierten Mini-U-Boot – im Internet etwa findet sich dazu kein einziger Eintrag. Erwähnt wird allerdings Dinkels Firma Silverstar (siehe unten, Tauch-Info-Büro Berlin).

Feststellen muss man in puncto Internet, wie wenig weit zurückreichend dieses digitale Gedächtnis in der Regel ist. Das hängt auch damit zusammen, dass das Internet selbst noch nicht lange existiert. Von der US-Regierung für private und kommerzielle Zwecke wird es erst 1990 freigegeben, entwickelt es sich erst ab 1993 rasant mit dem ersten massenkompatiblem Browser. Die digitale Archivierung fast noch zeitgenössischer Quellen lässt sehr zu wünschen übrig. Selbst das gut sortierte und benutzerfreundliche digitale Zeitschriften-Archiv von Gruner & Jahr in Hamburg erinnert sich nur an das, was höchstens 31 Jahre zurück liegt. Um so wichtiger ist da das Gespräch mit noch lebenden Zeitzeugen. Besser sieht es bei den alten Quellen aus, die staatlichen Archivare haben gute Arbeit geleistet. Sie haben viele ihrer Fundbücher (welche die Quellen katalogisieren und auffindbar machen) ins Netz gestellt und damit allen zugänglich gemacht.

Anton Dinkel ist in der offiziellen Historie der Mann, der am 1. April 1945, die US-Panzer stehen vor Wertheim, auf der Burg die weiße Fahne hisst. Er bewahrt Wertheim so vor Zerstörung, erreicht die kampflose Übergabe der Stadt. Zusammen mit Heinrich Herz. Oder umgekehrt,

Heinrich Herz mit ihm. Eine Tafel an der Burg erinnert seit 2005 an diese Tat. Vielleicht wäre diese Ehrung, die mit einer kleinen Feierstunde verbunden war, schon früher, zu Lebzeiten Dinkels erfolgt. Doch Dinkel ist ein schwieriger Mensch, das bestätigen alle, die mit ihm zu tun hatten. Sein Auftreten gegenüber Ämtern und Behörden ist nicht von Diplomatie geprägt.

Heinrich Herz kommt auch aus alter Familie

Wer die Initiative zur weißen Fahne ergriffen hat, ist nicht belegt. Heinrich Herz, ein gestandener Mann, entstammt der alten Wertheimer Schiffer- und Fischerfamilie. Seine Familie hat sich seit geraumer Zeit auf den lukrativeren Kohlehandel verlegt, wie die Wertheimer Familie Seher, nachdem mit dem Getreidehandel zu Schiff nicht mehr viel Geld zu verdienen ist. Die Eisenbahn ist zu starke Konkurrenz. Herz hat den Auftrag der Schiffereiverwaltung Mannheim, sich um die Schiffe zu kümmern, die im damaligen Tauberhafen vor Anker liegen, beladen mit Nahrungsmitteln, aber auch mit Brennstoff. So erinnert sich Erich Langguth. Anton Dinkel ist beim Einmarsch der Amerikaner 20 Jahre alt.

Belegt ist ein Gerangel und ein heftiger Wortwechsel mit dem Bürgermeister Hermann Dürr, der die Fahne wieder einholen lassen will. Herz und Dinkel, der laut einem ehemaligen Mitschüler recht grob werden konnte, setzen sich durch.

Die US-Amerikaner marschieren kampflos ein, besetzen noch am selben Tag den Fliegerhorst oberhalb Wertheims auf dem Reinhardshof. Dort war unter anderem eine Stuka-Schule und eine Schule für Lastensegler stationiert. Zunächst errichten die US-Soldaten dort ein Lager für „displaced persons"- in Deutschland zwangsweise eingesetzte Fremdarbeiter, richtiger: gewaltsam hierher verschleppte Zwangsarbeiter. Zeitweise sollen dort 6000 Polen und 9000 Russen untergebracht gewesen sein.

In den westlichen Besatzungszonen gibt es zu Kriegsende rund 6,5 Millionen dieser Zwangsarbeiter, die zunächst gesammelt und meist bis Ende 1945 in ihre Länder zurückgebracht werden müssen. Das geht nicht ohne Probleme. Die Sowjets beharren darauf, dass ihre Staatsbürger Vorrang haben. Russland ist durch den verlustreichen Krieg ausgeblutet. Trotz Millionen deutscher Kriegsgefangener, die unter meist unvorstellbaren Bedingungen schuften, mangelt es im sowjetischen Riesenreich an Arbeitskräften. Und viele Polen wollen nicht mehr in ihre Heimat zurück, weil diese jetzt kommunistisch ist.

Captain Barber verhindert Plünderung

Beinahe kommt Wertheim trotz des Hissens der weißen Fahne durch Dinkel und Herz in große Schwierigkeiten: Am 9. November 1945 fordern die Polen, Wertheim zur Plünderung freizugeben. Captain Barber, der kommandierende Offizier, verhindert dies, lässt Bewaffnete aufmarschieren. Die Wertheimer erfahren davon, danach wird das bis dato unfreundliche Verhältnis zur Besatzungsmacht etwas entspannter.

(Quelle: de.geocities.com/fliegerhorste/wertheim.htm)

Ab 1945 arbeitet Anton Dinkel in der Schlosserei seines Vaters, vorzugsweise im Fahrzeugbau, zusammen mit seinem Bruder Kurt. Er betreibt auch einen Reifenhandel mit Vulkanisier-Werkstatt.

Die Nachkriegszeit unter amerikanischer Besatzung ist sicher nicht so hart wie in der französischen oder gar sowjetisch besetzten Zone, oder in den zerbombten großen Städten, aber doch sind es entbehrungsreiche Jahre. Wobei es die Einheimischen mit ihrer vielleicht auch bäuerlichen Verwandtschaft leichter haben als die vielen tausend Flüchtlinge, denen Wertheim als neuer Wohnort zugewiesen wird. Viele kommen mit nichts als einem kleinen Koffer in der Hand an. Und stoßen nicht überall auf freundliche, offenherzige Aufnahme.

Ein Junge mit viel Fantasie und Ideen

Eigentlich hätte Anton Dinkels Lebensweg ein ganz anderer sein sollen. Der begabte Schmiedesohn besucht das Wertheimer Gymnasium, ein traditionsreiches Institut, hervorgegangen aus der alten Lateinschule aus der Zeit der Reformation. Dinkel gilt als Junge mit vielen Ideen und Fantasien, auch krude sind dabei, so ein Mit-Gymnasiast. Dinkel ist ein schneller Sportler: Beim 5000-Meter-Lauf rennt er immer vorneweg. Und dass er katholisch ist, erinnert sich ein Mitschüler als bemerkenswert. Dies ist im nach wie vor sehr evangelischen Wertheim die Ausnahme. „Offenbar hat die Mutter, die katholisch war, bei der Geburt des Sohnes zur Bedingung gemacht, dass Anton in diesem Glauben erzogen wird."

Genaueres über die Schulzeit von Anton Dinkel ist nicht zu erfahren. Die Klassenbücher, die lange Zeit in einem Schrank sorgfältig aufgehoben wurden und eine nicht zu unterschätzende historische Quelle darstellen, gibt es nicht mehr. Sagt die Schul-Sekretärin.. „Was meinen Sie, wie viel Platz das braucht...“

Klassenkameraden von Anton Dinkel sind der spätere Bankdirektor Klüpfel, der Erbprinz zu Löwenstein und Karl „Charlie“ Eisert von der Firma Handloser. So erinnert sich Helge Biermann, Sohn von Dinkels langjähriger Lebensgefährtin Hildegard Biermann (ihr Mann ist früh gestorben), der später den „Tigerhai“ mitentwickelt, den Vertrieb betreut und Dinkels engster Vertrauter wird.

„Sie werden keine 30 Jahre alt“

Wie fast alle seiner Mitschüler ist Anton Dinkel in der Hitlerjugend, der HJ. Mit 17 macht er das „Kriegsabitur“, ein Verwaltungsakt. Danach kommt er zum Arbeitsdienst, meldet sich anschließend, vermutlich freiwillig, zur Wehrmacht, wird aber bald wieder ausgemustert. Er ist bei den Pionieren, steht beim Bau einer Pontonbrücke in Tschechien zu lange im Wasser. Lungenkrank, Diagnose: Wabenlunge. „Sie werden keine 30 Jahre alt“, erklärt ihm der Stabsarzt bei der Ausmusterung.

Dinkel ist erblich vorbelastet, auch sein Vater hat es an der Lunge. Immerhin lebt er trotz der Prognose des Stabsarztes 73 Jahre. Aber Anton Dinkel kränkelt dauernd. Helge Biermann: „Dinkel lag wochenlang mit

40 Grad Fieber danieder. Das war nicht schön. Aber er hat länger als sein Vater gelebt."

Bereits im Frühjahr 1942 studiert Dinkel in Würzburg Medizin, es gelten Sonderregelungen für ehemalige Soldaten. Beeindruckt ist er dort vom Physiker Harms (?), er nennt ihn „Papa Harms", der eine Art Sonargerät erfunden habe. Bis 1945 bleibt Dinkel in Würzburg, bricht dann das Studium ab, kehrt nach Wertheim zurück. „Wegen des Kriegsleidens an der Lunge konnte ich nicht Arzt werden", erklärt er später.

Und baut fortan, zusammen mit Vater und Bruder, Fahrzeuge. Anhänger, Tieflader, Sonderfahrzeuge, Schlitten, Schwerlastfahrzeuge. Er erfindet neuartige Anhängerkupplungen, Steuervorrichtungen für den Hänger. Davon zeugt beispielsweise das Patent von Kurt und Anton Dinkel „Trailer steering mechanism", das sogar in den USA (22. März 1960) und in Kanada (28.2. 1961) erteilt wird.

Einen akademischen Abschluss macht Dinkel trotz der Mithilfe im väterlichen Betrieb. Er studiert in Frankfurt erfolgreich Betriebswirtschaftslehre (BWL); dass das Studium länger als üblich dauert, hängt sicher mit seinem gleichzeitigen Wertheimer Engagement zusammen.

Ende der 50er, Anfang der 60er Jahre entdeckt Anton Dinkel für seine Arbeit den neuen Werkstoff „Glasfaserverstärkter Kunststoff", GFK. Er stellt Anhänger mit Kunststoff-Aufbau her. Die präsentiert er 1959 als Neuheit auf der Internationalen Automobilausstellung in Frankfurt. Dort lernt er 1961 Hans Trippel kennen, der

„Tigerhai"-Versuchsfahrt auf dem Lago di Como 1963
(„Tigerhai"-Prospekt, Foto Ute Biermann-Hohn).

dem Bau schwimmender Autos sein Leben widmet, davon besessen ist. Trippel hat sein neuestes Schwimmauto, den Amphicar, dabei. Und ein Modell des geplanten Trippel′schen Einmann-U-Bootes. Das Abenteuer „Mini-Unterseebot" beginnt mit Gesprächen in Frankfurt. Dinkel, stets auf der Suche nach Neuem, ist begeistert.

GFK und die Firma Schuller

GFK-Konstruktionen, also durch Glasfasermatten verstärkter Kunststoff aus Polyester- oder anderen Harzen plus Härter, sind ohne Werner Schuller nicht vorstellbar. 1936 entwickelt er in seiner Glashütte in Haselbach/Thüringen die erste spinnbare Glasfaser der Welt, das „Schuller Textilglas". 1950 gelingt die Produktion des ersten Glasvlieses. Von den sowjetischen Besatzern enteignet, verlässt Schuller die Deutsche Demokratische Republik - oder Sowjetische Besatzungszone (SBZ) - und baut 1953 sein Werk in Wertheim neu auf. Im Industriegebiet Wertheim-Bestenheid, aber auch in kleinen Werkstätten in Wohnsiedlungen – etwa in den Erdgeschossen der Mietshäuser der „Mittleren Flur" - haben sich eine ganze Reihe von Thüringer Glasmachern niedergelassen. In Wertheim entsteht ein neues Zentrum der Glasindustrie, inklusive Glasfachschule. 1971 übernimmt die Johns Manville Corporation Denver/Colorado die Firma Schuller. Von Schuller bezieht Anton Dinkel die Glasvliese, die er für den Bau seiner GFK-Anhängeraufbauten, später für die Tauchboote braucht.

Bis dahin sind sowohl Lastwagen-Aufbauten wie auch Bootskonstruktionen entweder aus Stahl, aus Aluminium oder aus Holz. GFK ist im Gegensatz dazu witterungsbeständig, korrosionsfrei und kann fast beliebig geformt werden.

Vorteil von GFK ist auch das im Vergleich zu Stahl wesentlich geringere spezifische Gewicht, bei fast gleicher Festigkeit. GFK-Konstruktionen haben sich im Bootsbau bis zu einer gewissen Größe durchgesetzt – fast alle Freizeitboote und Motor- oder Segelyachten bestehen heute aus diesem Material. Mittlerweile wird auch die ultraleichte und hochfeste Carbonfaser verarbeitet, etwa in den High-Tech-Yachten, die beim „America's Cup" antreten.

Das erste Tauchboot aus GFK

Der „Tigerhai" ist das erste Tauchboot, das ganz aus GFK besteht, innen verstärkt durch einen Stahlrahmen. Die besondere Herausforderung beim Bau des „Tigerhai" ist die Wandstärke der Außenhaut von 30 bis 40 Millimeter. Zudem ist der Bootskörper nahtlos gefertigt.

Laut Fachmagazin „Kunststoff und Kautschuk Woche" (Nr. 15 von 1974, das Datum zeigt, dass der „Tigerhai" immer noch im Gespräch ist) besteht die Schwierigkeit bei diesen Wandstärken, den Wärmestau während der eintretenden Polymerisation in den Griff zu bekommen. Eine Temperaturspitze kann die Festigkeit und den Verbund zwischen Glasfasermatten und Kunststoff beeinträchtigen. Zudem können Haarrisse auftreten, die bei einem Tauchkörper natürlich nicht sein dürfen. Das

Fachmagazin stellt fest: „Beim Bau des Tigerhai mussten enorme verfahrenstechnische Aufgaben bewältigt werden. Die auftretenden Probleme wurden hier hervorragend gelöst. Heute ist man in der Lage, derartige Tauchkörper in beinahe beliebiger Wandstärke herzustellen."

Anton Dinkel macht mit dieser GFK-Konstruktion ein Meisterstück, das in der Fachwelt für Aufmerksamkeit sorgt.

Auch der Kanuclub baut mit GFK

Auch Laien werkeln in der Folgezeit mit GFK. Bei richtiger Anleitung ist die Verarbeitung nicht allzu schwierig, solange es um den Aufbau einfacherer Formen Schicht für Schicht geht. In ungelüfteten oder schlecht belüfteten Räumen droht allerdings arges Kopfweh, die Lösungsdämpfe sind heftig. Auch der Wertheimer Kanuclub macht seine GFK-Erfahrungen, es muss das Jahr 1970/71 gewesen sein.

Ein hier nicht namentlich Genannter besorgt die Formen für die ganz neuen Wildwasserboote, die bei den Olympischen Spielen 1972 in München zum Einsatz kommen. Wildwasserslalom ist in München erstmals olympische Disziplin (und Alexander Grimm holt darin in Peking die erste Goldmedaille der Olympischen Spiele 2008 für Deutschland). Die Aktion mit den Formen ist nicht ganz legal, aber im Sinne der Jugendarbeit des Vereins.

Jedenfalls treffen sich abends schätzungsweise zehn Männer und Jugendliche und pressen, walzen Glasmatten der Firma Schuller in das satt triefende Polyesterharz, das vorher entsprechend mit einem Härter vermischt worden ist, sowie, für die obere Hälfte, mit roter Farbe. Beide Hälften werden dann aus der Form gelöst, klappt wunderbar, und zusammengeklebt (der „Tigerhai" ist nahtlos, Profiarbeit). Dann wird der ebenfalls aus GFK gemachte Sitz eingepasst, samt Luke, fertig ist das wendige und sehr stabile Wildwasserboot.

Es leistet jahrzehntelang treue Dienste und ist heute – unter freiem Himmel aufgebockt – nach wie vor einsatzfähig. Von Materialermüdung wie bei manchen billigeren GFK-Booten keine Spur.

Hans Trippel, besessener Konstrukteur

Mit Hans (oder auch Hanns) Trippel hat Anton Dinkel jemanden gefunden, der – mindestens – ebenso fantasievoll und wagemutig ist wie er selbst.

Verstehen kann man solche Lebensläufe nur vor dem Hintergrund der Technikbegeisterung jener Zeit, als die Technik noch „machbar" war und eine großartige Zukunft bot. Heute bestehen Autos aus verschiedenen Modulen und Elektronikkomponenten, eigene Eingriffe – vom Lada Niva einmal abgesehen – sind absolut unerwünscht. Sie gefährden die Garantie, den Versicherungsschutz bei Unfällen. Elektronische Geräten können bei Defekten nicht mehr repariert werden; stattdessen werden ganze Bauteile ausgetauscht, wenn überhaupt. Die technische Welt ist heutigen Menschen zum Großteil entfremdet, so sehr sich manche auch an technischen Daten, etwa ihres Autos, begeistern können.

Ältere erinnern sich noch an die Arbeiten an ihrem ersten Auto. Mit der Fettpresse schmieren. Ventilspiel nachstellen. Seilzüge kontrollieren. Bremsklötze überprüfen, gegebenenfalls neue einbauen. Mit einem „Weber-Doppelvergaser" den Käfer tunen, von 30 oder 34 auf vielleicht 38 PS. Heute ist höchstenfalls Wagenwäsche eigene Arbeit des Fahrzeugbesitzers. Selbst dafür gibt es heutzutage Spezialisten, die das Auto „sauberstreicheln".

Natürlich sind sowohl Trippel als auch Dinkel Spezialisten, freilich nicht nur auf einem Gebiet. Sie sind

Tüftler, Visionäre und zugleich handwerkliche Allrounder.

Fakten zu Trippels buntem Leben

Hans Trippel, geboren 1908 bei Darmstadt, mietet 1932 eine Werkstatt und baut einen 600er-DKW mit einer Aluminium-Karosserie zum schwimmfähigen „Land-Wasser-Zepp" um. 1935 entsteht der erste schwimmfähige Geländewagen, auf Adler-Basis mit einem Zweiliter-Motor.

Bei der faschistischen Reichsregierung erweckt der junge Konstrukteur Aufmerksamkeit und erhält im Oktober 1936 eine Einladung nach Berlin. Dort führt er Adolf Hitler im Hof der Reichskanzlei sein Fahrzeug vor. Ein Regimegegner ist Trippel keineswegs, er will die Nazi-Herrschaft und die Aufrüstung für seine Projekte nutzen. Seine spätere Verbundenheit mit dem Trossinger Fabrikanten Fritz Kiehn, Funktionär der NSDAP seit 1930, ist ein weiteres Indiz (zu Kiehn siehe: Berhoff/Rau-Hühne: Fritz K. Ein deutsches Leben im 20. Jahrhundert). Trippel erhält einen Entwicklungszuschuss von 10 000 Reichsmark. Mit diesem Geld und Bankkrediten entwickelt er mit 250 Mitarbeitern seine Schwimmwagen. Auf der Basis des SG-6 wird eine auf zwei Meter verbreiterte Version mit der Bezeichnung Amphibium gebaut. Dieses Fahrzeug ist eine Spezialentwicklung für die Pioniereinheiten und kann bis zu 16 Personen im Wasser transportieren. Vom Typ SG-6 Amphibium liefert er 20 Fahrzeuge an die Wehrmacht.

1938 stellt er den SG-6 auch der italienischen Wehrmacht vor. Um die Zuverlässigkeit unter Beweis zu stellen, will er damit das Mittelmeer nach Afrika überqueren. Da dies verboten wird, fährt er am 25. September 1938 von Neapel nach Capri. Im gleichen Jahr entsteht der SK-8, ein Cabriolet mit Stromlinienkarosserie und einem 2,5-Liter-Adler-Motor. Dieses Auto soll die Eigenschaften eines schnellen Sportwagens und eines seetüchtigen Bootes in sich vereinigen. Beide Fahrzeuge, der SG-6 und der SK-8, finden 1939 auf der Automobilausstellung in Berlin viel Beachtung.

Rund 1000 Schwimmwagen SG-6

Ab 1939 entwickelt und baut Trippel nur noch schwimmfähige Geländewagen. Von Berlin wird er aufgefordert, mehr Fahrzeuge zu liefern. Kurz nach der Besetzung Frankreichs besichtigt Trippel die Bugatti-Werke in Molsheim und das Rüstungsministerium in Berlin kauft für 7,5 Millionen Reichsmark das Werk mit Maschinen von Ettore Bugatti. Am 15. Januar 1941 werden die Trippel-Werke GmbH gegründet und die Produktion nach Molsheim verlegt. Rund 1000 Schwimmwagen des Typs SG-6 werden hier gebaut.

1942 wird der Typ SG-7 für die Propaganda-Kompanien entwickelt. Dies ist eine Limousine mit Schiebedach und luftgekühltem Tatra-V8-Motor im Heck. Die Weitentwicklung ist der schwimmfähige Panzerspähwagen Typ E3 mit Allradantrieb und zwei Propellern. Weitere Varianten sind der Munitionstransporter E3M und ein schwimmfähiger Propellerschlitten für die Luftwaffe. Nach Kriegsende wird Trippel - auf Betreiben der französischen Geheimpolizei - vom alliierten Kontrollrat zu fünf Jahren Gefängnis verurteilt, jedoch schon nach 35 Monaten entlassen.

Während der Inhaftierung lernt Trippel den Trossinger Industriellen Fritz Kiehn kennen. Kiehn, Gründer der Trossinger Firma EFKA für Zigarettenpapiere, ist ein Nazi der ersten Stunde und bis 1945 Abgeordneter des Reichstages. Dennoch gelingt es ihm, die Entnazifizierung relativ unbeschadet zu überstehen. Kiehn wird 1949 als „minderbelastet" eingestuft. Er behält nicht nur sein Trossinger EFKA-Werk, sondern kann 1950 – alte Seilschaften? - mit Hilfe der damaligen baden-württembergischen Landesregierung auch das Chiron-Werk in Tuttlingen kaufen. Trippel, der die Tochter Kiehns heiratet, wird technischer Direktor der Chiron-Werke.

Da nach dem Krieg der Bau von Schwimmwagen verboten ist, baut Trippel dort einen kleinen Zweisitzer mit 600-cm³-Horex-Motor, den Trippel SK 10. Der Wagen, der nur 2800 Mark kosten soll, lockt zwar auf Ausstellungen die Leute an, aber das Auto ist zu klein. Auch der Versuch mit einer größeren Ausführung scheitert. Trippels Ehe mit der Kiehn-Tochter geht in die Brüche, er verliert den Direktorposten bei den Tuttlinger Chiron-Werken. In Stuttgart versucht er, eine neue Firma aufzubauen, meldet nach nur 15 verkauften SK 10 Konkurs an. Auch weitere Geschäftsversuche Trippels, unter anderem in Frankreich, scheitern.

1958 gründet Trippel die Eurocar GmbH und stellt den Schwimmwagen Alligator vor. Die Industriellenfamilie

Quandt, im Nazi-Deutschland durch Rüstungsproduktion reich, in der Bundesrepublik durch Varta-Batterien und die Übernahme von BMW noch reicher geworden, steigt ein. Trippel entwickelt den Amphicar.

„Perle deutscher Ingenieurskunst"

Der Vierzylinder-Heckmotor mit 38 PS und 1200 Kubikzentimeter Hubraum kommt von Triumph aus England, das Auto fährt auf der Straße knapp 120 Kilometer in der Stunde und auf dem Wasser acht Knoten. 1961 nimmt die Deutsche Waggon- und Maschinenfabrik in Berlin-Wittenau die Produktion auf. Mindestens 25 000 Stück will man von dieser „Perle deutscher Ingenieurskunst" herstellen, vor allem für den amerikanischen Markt. Aber schon 1964 ist Schluss. Der Wagen verkauft sich in den USA nicht – zu klein, zu wenig PS, zu wenig Komfort. Sorgfältiges Abschmieren an 32 Fettnippeln nach jeder Wasserfahrt ist zu viel verlangt. Deutsche Autotester bemängeln manche Unzulänglichkeiten des – nicht unsinkbaren – Straßen-Wasser-Gefährts. 3500 Amphicars werden fertig, einige dieser Wagen mit den Haifischflossen am Heck gibt es heute noch. Etliche davon betreut ein Club in Berlin. Die Zeitschrift mare berichtet in der Ausgabe September/Oktober 2006 darüber.

Auch wenn manche Autotester die Wassertüchtigkeit des Amphicar bemängeln, vor allem bei Wellen oder Rückwärtsfahrt, und auch, man komme besser ins Wasser als aus dem Wasser, ist das Gefährt erstaunlich seetüchtig. Am 9. August 1962 überqueren die beiden Pariser Geschäftsleute Tony Andal und Jean Bruel mit einem Amphicar den Ärmelkanal. Sie benötigen für die Strecke von Calais nach Dover 5 Stunden und 50 Minuten, das ist ein Schnitt von 6 Kilometer in der Stunde. Bei dem Trip verbrauchen sie 37 Liter Benzin und zwei Liter Beaujolais, berichtet Hasso Erb in seinem „Schwimmwagen-Motorbuch".

Volle Fahrt.   Foto: Ute Biermann-Hohn

Wie kommt man auf diese Idee?

1961 lernt Trippel auf der Internationalen Automobilausstellung Frankfurt (IAA) Anton Dinkel aus Wertheim kennen. Trippel schlägt Dinkel vor, gemeinsam ein Unterseeboot zu bauen. Das Modell seines Einmann-U-Bootes hat er schon dabei. Es sieht relativ unförmig aus, ist keine drei Meter lang. Wie kommt man auf die heute eigenartig anmutende Idee?

Die Eroberung der Lüfte, der Meere, natürlich auch des Weltraums ist 1961 noch keineswegs abgeschlossen. Gerade die Meere begeistern in den 50er, frühen 60er Jahren die Wissenschaftler und – per populärer Zeitschriften wie „Kosmos" – auch die Menschen. Die Ära der großen Kühl- und Fabrikschiffe beginnt, die Ozeane gelten fortan als eine wichtige, gar die zukunftsträchtigste Nahrungsquelle der Menschheit.

Fischfarmen sind im Gespräch, Nahrung soll aus proteinreichen Algen hergestellt werden. Rohstoffe, seltene Metalle, liegen unterm Meeresgrund. Und im Meer wird Öl gefördert, das wiederum in Pipelines zu den Raffinerien fließt. Unter Wasser ist einiges zu entdecken. Und zu tun.

Die bisherige Forschung lässt sehr zu wünschen übrig. Die Erkenntnisse über die Tiefsee etwa werden so verglichen: Stellen Sie sich ein Forschungsteam vor, das mit einem Flugzeug in 10 000 Meter über der Erdoberfläche kreist, ab und zu eine Sonde zum Boden lässt und daraus folgert, wie es auf der Erde aussieht.

Norbert Gierschner vom Tauch-Info-Büro Berlin schreibt über die Faszination des Tauchens in seinem die ganze Tauchgeschichte umfassenden Buch „Wege in die Tiefe":

„Nach dem Zweiten Weltkrieg nahm das sportliche Tauchen einen gewaltigen Aufschwung. Das autonome Presslufttauchgerät bot die technischen Voraussetzungen. Die Schlüsselfiguren jenes Beginns waren Hans Hass und Jacques-Yves Cousteau. Der Wiener Zoologe Hans Hass führte bereits in den vierziger Jahren das Schwimmtauchen als Forschungsmethode in die biologischen Wissenschaften ein. Die Unternehmen von Hass begleitete eine rührige Publicity in Form von Presseberichten, Filmen und Büchern. Schon in den fünfziger Jahren schnallten sich - von Hass und Cousteau animiert - Tausende und aber Tausende das Presslufttauchgerät auf den Rücken, um die Wunder der Tiefe zu bestaunen. Die Unterwasserwelt wurde „fashionable".

Doch nicht alle Interessenten konnten selbst tauchen; sei es aus gesundheitlichen Gründen, sei es, weil man Unbequemlichkeiten oder Haie befürchtete. Die Folge: In Lagerschuppen, Hinterhofwerkstätten, Garagen und allerlei obskuren Orten schlosserten überwiegend Amateure eine ganze Armada einfachster Ein- und Zweimann-Tauchfahrzeuge zusammen

Die meisten Boote waren sehr einfach konstruiert. Ein von Bleiakkumulatoren und einem Elektromotor angetriebener Heckpropeller sorgte für den Vortrieb. Manövriert wurde über Seiten- und Tiefenruder. Je ein Wassertank oder eine spezielle Sektion im Bug und Heck dienten zur Regelung des Trimms und Auftriebs. Zum

Atmen begnügte man sich mit der im Druckkörper befindlichen Luft. Ab und zu ließ der Pilot aus einer kleinen Druckgasflasche Sauerstoff in den Raum fließen. Kohlendioxidabsorber fehlten oft, entsprechende Messgeräte immer. Einsetzender Kopfschmerz und steigende Atemfrequenz signalisierten nachdrücklich genug, dass die zulässige Tauchzeit schon etwas überzogen sei. Die Boote tauchten - wenn überhaupt - meist nur einen Sommer. Dennoch war diese letzte Epoche der Bastler in der Tauchfahrzeughistorie bedeutsam: Sie lenkte das Interesse der allzeit nach Marktlücken spähenden Industrie auf kleine Tauchfahrzeuge.

Bald erschienen die ersten industriell gefertigten Sporttauchboote auf dem Markt: in den USA die Amersub 300 (1961), in der Bundesrepublik die auch in den USA angebotenen S-Typen der Bremer Firma Eschholz (S-24, SM-64), die von Hagenburg (Anmerkung: Hagenburg baut in Geretsried das Tauchboot Tokio D mit 13,8 Metern Länge für einen Piloten und drei Beobachter) und der Tigerhai (1963) der Firma Silverstar. Diese Fahrzeuge waren etwa drei bis sechs Meter lang, besaßen eine Masse von einer Tonne, waren äußerst spartanisch ausgerüstet und kosteten etwa soviel wie ein Mittelklasse-PKW.

Jacques-Yves Cousteau hatte sich bereits 1951 geschworen, ein kleines bewegliches Tauchfahrzeug in Dienst nehmen zu wollen. 1955 legte er mit seinen Mitarbeitern die Grundkonzeption fest. 1959 wurde es erstmals getestet. Auch in der ersten Hälfte der Achtziger Jahre absolvierte dieses Boot, die SP 300 (bzw. SP-350, denn später wurde die zulässige Maximaltiefe auf 350

Meter erhöht), noch so manche Tauchfahrt. Die SP 300 und die Trieste sind sicher die bekanntesten zivilen Tauchfahrzeuge der Welt. Anfang der sechziger Jahre ließ der Zeitungsmagnat und begeisterte Sporttaucher John Perry seine ersten Fahrzeuge vom Stapel: PC-3X (1961), PC 3A-1 (1962), PC-3B (1963). Als jenes Jahrzehnt zu Ende ging, war Perry der erfolgreichste Hersteller kommerzieller Tauchboote." So weit Norbert Gierschner.

Dazu gibt es in Deutschland eine – kriegerische – Unterseeboot-Tradition wie in kaum einem anderen Land der Welt. Bereits im Ersten Weltkrieg sind die deutschen Unterseeboote gefürchtet, versenken ungezählte Schiffe, auch zivile, wie 1915 den US-Ozeandampfer „Lusitania" mit 1400 Passagieren an Bord. Dieser Angriff erregt die US-amerikanische Öffentlichkeit sehr, ist gewichtiges Argument für den - späteren - Kriegseintritt der USA.

Im Zweiten Weltkrieg kommen bei der deutschen Kriegsmarine 863 U-Boote zum Kampfeinsatz. 784 Boote gehen verloren. An Bord der von deutschen U-Booten versenkten 2882 Handelsschiffe und 175 Kriegsschiffe sterben Zehntausende.

Buchheim: „Eiserne Särge"

Lothar-Günther Buchheim, der selbst an Bord von U 96 an Feindfahrten teilgenommen hat und darüber im später verfilmten Buch „Das Boot" sowie im umstrittenen Buch „Die Festung berichtet, sagt: „Die U-Boote wurden ´Eiserne Särge´ genannt. Was man damals als ´Blutzoll´ bezeichnete, die Verlustquote also, war bei den U-Boot-Männern so hoch wie bei keiner anderen Waffe. Von den 40 000 U-Boot-Männern sind 30 000 im Atlantik geblieben. Viele von ihnen waren noch nicht einmal Männer - in Wirklichkeit waren es halbe Kinder: Der gesamte U-Boot-Orlog war ein riesiger Kinderkreuzzug."

Aber es gibt Überlebende. Von vielen bewundert, weil sie dieses mörderische Risiko auf sich genommen. Buchheim ist einer von ihnen. Auch in Wertheim leben ehemalige U-Boot-Fahrer. Hochgeachtet wegen ihres Mutes, sich unter Wasser zu begeben und der Enge auf langen Fahrten, den Wasserbomben und Minen zu trotzen.

Und, nicht zu vergessen: Der Main fließt in den Rhein, der Rhein in die Nordsee, Schiffe aus Antwerpen kommen an Wertheim vorbei. Das Meer ist näher, als manche denken. Nach dem Zweiten Weltkrieg gründen Marineveteranen einen „Marineverein", mit reger Jugendarbeit, der das maritime Erbe pflegt. Die Stadt Wertheim wird Pate des Tenders „Main", Delegationen besuchen immer wieder das Patenschiff, das mittlerweile die U-Boot-Flotille unterstützt. Zur Wertheimer Messe und zu anderen Festivitäten sind die blauen Jungs stets eingeladen. Und das nahe Städtchen Külsheim pflegt Patenschaft zum U-Boot U 18.

Vom „Tauchvirus" infiziert

Dinkel und Trippel sind gleichermaßen vom „Tauchvirus" infiziert, wollen am Unterwasser-Boom teilhaben. Dem Konstrukteur Trippel kommt sehr entgegen, dass Anton Dinkel über solide Kenntnisse im Umgang mit dem neuen, so viel versprechenden Werkstoff GFK verfügt. Trippel hat bislang mit Stahl und Aluminium gearbeitet. Die Pläne für das Einmann-U-Boot namens „Delphin" fertigt Trippel. Beide zusammen bauen den Prototyp in Dinkels Werkstatt in Wertheim.

Erfolg haben sie damit nicht. Misslungene Premiere ist in Paris. Helge Biermann macht die Vorführung auf der Seine möglich. Als angehender Jurist absolviert er seine „freie Station" in der Wirtschaftsabteilung der deutsch-französischen Handelskammer in Paris, in der Rue Mirosmenille. Biermann erreicht, dass die französische Polizeibehörde ihr „oui" gibt. Die französische Industrie- und Handelskammer lädt die Bevölkerung zum Spektakel ein.

Bei der Vorführung auf der abgesperrten Seine ist die Kulisse groß. Doch das Tauchen, so Dinkel, gelingt erst beim fünften Versuch. Auch beim Auftauchen geht nicht alles glatt – der „Delphin" mit Trippel im Cockpit rammt das begleitende Polizeiboot. Helge Biermann, der Dinkel zuvor schon des öfteren auf Geschäftsreisen, auch auf die IAA, begleitet hat, ist ebenfalls dabei und erinnert sich: „Der Delphin sank auf der Seine nach einigen vergeblichen Versuchen plötzlich wie ein Stein und tauchte dann wieder auf wie eine Rakete". Zumindest für die vielen Zuschauer war es ein Erlebnis.

Man kann Trippel als technischen Abenteuer, wagemutigen Erfinder bezeichnen, aber auch als Hasardeur. Jedenfalls kommt Hans Trippel trotz dieser misslungenen Vorführung zu Anton Dinkel nach Wertheim, zusammen mit einem Hamburger Unternehmer, der den Weltvertrieb übernehmen soll, und bestellt 300 Mini-U-Boote des Typs „Delphin".

Helge Biermann, der in München Jura studiert hat und ja auch in Paris dabei war, wird als Jurist hinzugezogenen. Aufgrund der heiklen Vorstellung in Paris fragt Biermann nach, ob der TÜV das U-Boot getestet habe, der Prototyp vom Germanischen Lloyd abgenommen worden sei. Wer bei einem eventuellen Unglück hafte.

Trippel hat keine einzige Expertise, nichts. Und findet niemanden, der seinem „Delphin" Sicherheit und Seetüchtigkeit bescheinigt. Die Wertheimer verzichten auf den Auftrag. Trippel lässt nie wieder von sich hören.

„Dann habe ich selbst konstruiert"

„Die Konstruktionsunterlagen von Trippel haben genauso wenig getaugt wie seine Schwimmwagen," so Anton Dinkel nicht besonders wohlmeinend über seinen potenziellen Kompagnon. Biermann sagt, auch der Amphicar sei so mangelhaft konstruiert gewesen, dass die ausführende Firma nach deren Worten später für zwei Millionen Mark habe nachbessern müssen.

Aber in jedem Ende steckt ein Anfang, wissen nicht nur Dichter und Philosophen. Das Pariser Malheur ist das Ende des „Delphin", und der Start für den „Tigerhai".

„Dann habe ich selbst konstruiert", sagt Anton Dinkel.
„Einen Zweisitzer, damit einer steuern, der andere
beobachten oder andere Aufgaben erfüllen kann. Und ich
habe dafür gesorgt, das er alle Sicherheitsstandards erfüllt
und von den zuständigen Stellen geprüft wird."

Der Prototyp des „Delphin" in der Werkstatt in
Wertheim. In Paris „sank er wie ein Stein und tauchte
wieder auf wie eine Rakete".

Probefahrt – ein Foto von Ute-Biermann-Hohn, die den „Tigerhai" mit der Kamera begleitet hat.

Blick auf die Jahre 1960 bis 1964

23. 1. 1960: Jacques Picard und Don Wals erreichen mit ihrem Tiefseetauchgerät „Trieste" die Rekordtiefe von 10 916 Meter im Marianengraben.

Die Sprengkraft der nuklearen Waffen der beiden Atommächte USA und UdSSR wird auf 30 Milliarden Tonnen TNT geschätzt, das sind 10 Tonnen TNT pro Kopf der Erdbevölkerung. Großbritannien ist die dritte Atommacht. Seit dem 13. Februar 1960 hat auch Frankreich eine Atombombe.

21. 6. 1960: Amin Hary sprintet die 100 Meter in 10,0 Sekunden- neuer Weltrekord.

Bundeskanzler in Bonn ist Konrad Adenauer, 1963 tritt er zugunsten Ludwig Erhards zurück. Erhard, der Mann mit der Zigarre, gilt als Vater des deutschen Wirtschaftswunders. Bundesverteidigungsminister Franz-Josef Strauß fordert Atomwaffen für die – noch junge - Bundeswehr.

1960: In Genf geht das Protonensynchroton zur Erforschung von Elementarteilchen in Betrieb.

1960: Das US-Atom-U-Boot „Triton" umfährt unter Wasser die Erde und legt dabei 57 600 Kilometer zurück. Ein US-U-Boot schießt erstmals unter Wasser eine Polaris-Rakete ab. Bereits 1958 hat die „Nautilus" den Nordpol untertaucht.

17. 8. 1960: 17 afrikanische Staaten werden unabhängig.

8. 11. 1960: J. F. Kennedy wird US-Präsident. In Moskau regiert Nikita S. Chrutschow.

12. 4. 1961: Juri Gagarin umkreist als erster Mensch ein Mal die Erde, ein Jahr später schafft es der Kosmonaut German Titow 17 Mal.

6. 6. 1961: Das ZDF wird gegründet.

24. 10. 1962: Wegen der Kuba-Krise droht der atomare Weltkrieg.

26. 6. 1963: Kennedy sagt an der Mauer: „Ich bin ein Berliner."

24. 8. 1963: Start der Bundesliga.

20. 2. 1962: John Glenn umrundet als erster US-Astronaut dreimal die Erde. Die USA haben den ersten Wettersatelliten und ab 10. 7. 1962 den Nachrichten-Satelliten Telstar im All.
.

17. 2. 1962: Sturmflut in Hamburg, 337 Menschen ertrinken.

13. 4. 1962: Die „Beatles" beginnen ihre Karriere im Star-Club Hamburg. „Love me do" kommt als erster Beatles-Song in die Hitparaden. Die „Pilzköpfe" sorgen für jugendlichen Aufbruch – und für Ärger mit den Eltern.

13. 8. 1962: Die DDR baut die Mauer, an der viele sterben werden. Zuvor haben jährlich rund 200 000 – vor allem Junge und Qualifizierte – das von Zentralkomitee und Stasi kontrollierte Land in Richtung BRD verlassen.

Jedes Jahr sterben in der Bundesrepublik über 14 000 Menschen im Straßenverkehr, über 400 000 werden verletzt.

70 Prozent der Weltbevölkerung – und 95 Prozent aller Asiaten und Afrikaner – gelten als unterernährt.

7. 11. 1963: Deutschland freut sich über das „Wunder von Lengede"- viele Bergleute können nach Tagen gerettet werden.

22. November 1963: In Dallas erschießt ein Attentäter US-Präsident J. F. Kennedy. Lyndon B. Johnson wird neuer US-Präsident

17. 3. 1964: Die USA schicken 16 000 Militärberater und 50 000 Soldaten nach Südvietnam, der Krieg gegen den Vietcong eskaliert.

10. 9. 1964: der millionste Gastarbeiter in Deutschland, Armando Rodgriguez aus Portugal, erhält zur Begrüßung ein Moped.

14. 10. 1964: Leonid Breschnew ist neuer Kremlchef.

16.Oktober 1964: Die von Mao regierte Volksrepublik China zündet die erste Atombombe.

Anton Dinkel baut den „Tigerhai"

Auch wenn das zweisitzige Mini-U-Boot heutzutage wie eine Mischung aus Käpt'n Nemo und einem Modell aus der Lego-Kollektion erscheint, auch wenn der STERN nach dem Untergang im Lago Maggiore titelt: „Spielzeug-U-Boot wird zum Sarg": Anton Dinkels „Tigerhai" ist alles andere als ein Spielzeug. Es ist ein kleines, nur 5,30 Meter langes, spartanisch ausgestattetes, aber voll taugliches Tauchgefährt. Das erste U-Boot aus Kunststoff, das mit 10 8000 Dollar oder 30 000 Mark so viel wie ein luxuriöses Auto kostet, ist ausgestattet mit allen Sicherheits-Vorrichtungen. Diese müssen, um zu funktionieren, natürlich angeschlossen und aktiviert sein.

Theoretisch ist der „Tigerhai" unsinkbar. Zwei Mann können damit ohne Druckanzug 35 Meter tief tauchen. Bei einem Test in Dubai erreicht der „Tigerhai" 85 Meter nach entsprechender Manipulation an der Tiefenbegrenzung. Normalerweise greift eine Auftauch-Automatik ein, falls 35 Meter Tauchtiefe überschritten werden.

Fahrer und Beifahrer haben durch die beiden Plexiglaskuppeln – heute würde man so etwas kompakter bauen – einen guten Rundumblick. Die zwei können sechseinhalb Stunden unter Wasser bleiben. Ein AEG-Elektromotor mit zwei PS macht das Boot bei Überwasserfahrt bis zu 10 km/h schnell, unter Wasser werden 7 km/h erreicht. Es gibt drei Vorwärtsgänge und einen Rückwärtsgang. Die Batterien haben bei Stufe eins und zwei unter Wasser genügend Saft für zwölf Stunden Fahrt, bei Stufe drei reicht die Batteriekapazität für

Blick in das Cockpit des „Tigerhai", zu sehen in Sinsheim
und in Speyer.   Foto: Niemzik

zweieinhalb Stunden. Dazu ist das Boot sehr wendig, kann fast auf der Stelle drehen.

Mit zwei Tanks wird getrimmt, unter Wasser verharrt der „Tigerhai", falls gewünscht, in einer Art Schwebezustand. Weil die GFK-Konstruktion nur ein Siebtel des spezifischen Gewichtes von Stahl hat, kommt ein kräftiger Ballast in den Kiel, zusätzlich zur 150 kg schweren, abwerfbaren Bodenplatte aus Eisen. Das macht den „Tigerhai" ungewöhnlich kippstabil.

Das Mini-U-Boot verspricht ein großer Erfolg zu werden. Privatleute, Firmen, Militärs interessieren sich für die Wertheimer Konstruktion. Auch die UdSSR schickt immer wieder „Besucher" in Dinkels Produktionsstätte.

Dinkel will alles richtig machen

Nach dem Flop mit Trippels Tauchboot will Dinkel alles richtig machen, mit kompetenten, erstklassigen Zulieferern. Und mit sicherheitstechnischer Prüfung und Abnahme bei den dafür zuständigen Stellen. Bis zur Serienreife läuft das Projekt unter dem Firmennamen „Silverstar-Biermann". Anton Dinkel bleibt im Hintergrund, führt die Gespräche, arbeitet zunächst weiter in der Fahrzeugbau-Firma.

Die Pläne stehen, der Tigerhai wird in Zusammenarbeit mit der Versuchsanstalt für Wasserbau und Schiffbau in Berlin (VWS) entwickelt, vom Modell bis zum Prototyp. Wer was im Detail gemacht hat, ist nicht bekannt. Mit von der Partie ist in jedem Fall Prof. Dr. Ing. S. Schuster vom VWS, ein nicht ganz billiger Mitarbeiter. Aber gute Leute kosten Geld, amtliche Prüfungen sowieso.

Biermann lässt sich für zwei Jahre von seinem juristischen Referendariat beurlauben, übernimmt die Entwicklungsleitung. Dinkel selbst ist zusammen mit seinem Bruder im Fahrzeugbau beschäftigt, hat nicht unbeschränkt Zeit für das Projekt Tigerhai.

Biermann begibt sich auf die Suche nach zuverlässigen Lieferanten für die Komponenten. Vorgabe ist: nur hochwertige Bauteile. Lange dauert die Suche nach einer Firma für die großen Plexiglaskuppeln. Der Einbau von Stahlkuppeln mit kleinen Plexiglasfenstern hat sich nicht bewährt, vor allem wegen des Gewichts.

Endlich wird eine Firma im Großraum Dachau gefunden, welche die zehn Kilogramm schweren, großen Plexiglaskuppeln herstellen kann. Sie müssen höchst passgenau und stabil sein, bei Tests in 100 Meter Tiefe einen Druck von 10 Atü aushalten.

Die Firma Perry in Florida modifiziert die an sie ausgelieferten Tauchboote später allerdings mit anderen Kuppeln.

Diese bestehen aus zylindrischem Plexiglas mit einem Stahldeckel. Die deutschen Plexiglaskuppeln können unter der heißen Sonne Floridas Risse bekommen. Zudem sind die zylindrischen Röhren optisch neutraler; die Tigerhai-Kuppeln verzerren unter gewissen Sichtwinkeln leicht die Dimensionen. Allerdings ist der Einstieg in die Perry-Kuppeln nicht ganz so bequem wie bei den ursprünglichen des Tigerhai.

Die Firma Dräger aus Lübeck liefert die Sauerstoff-Anlage. Dräger ist eine der renommiertesten Firmen auf diesem Gebiet, seit langem erfahren im U-Boot-Bau und bei Atemgeräten für professionelle Taucher. Von Dräger ist auch das zur Sauerstoff-Anlage gehörende Patronen-System, das dem Boots-Innenraum das Kohlendioxid entzieht.

Von der AEG Schiffsbau Hamburg kommt der Elektromotor samt leistungsstarker Batterien. Die Schraube ist eine Entwicklung von Professor Schuster vom VWS Berlin.

Gleich beginnt der Tauchgang. Foto: Ute Biermann-Hohn

In der Berliner Versuchsanstalt

Zunächst wird ein Modell im Maßstab 1: 5 gefertigt und in der Berliner Versuchsanstalt getestet. Dabei wird die erforderliche Wandstärke des GFK-Aufbaus berechnet, und welche Stahlkonstruktion innen nötig ist, um das Boot sicher zu stabilisieren. Die Entwicklung dauert vom April bis Dezember 1963. Beim ersten Tauchgang in der Versuchsanstalt Berlin sitzen weder Dinkel noch Biermann am Steuer des Mini-U-Bootes. Den Testjob übernimmt ein Mann namens Steenwerth, ein erfahrener Mariner. Er ist der erste Tigerhai-Pilot. Angestellt ist er bei der VWS Berlin, bezahlt wird er für seine Tigerhai-Tauchgänge von der Firma Tigerhai-Biermann.

Dann beginnen die Tauchgänge unter Praxisbedingungen. Professor Schuster ist am Mittelmeer dabei, in der Nähe von Cap d´ Antibes. Helge Biermann auch. Auch auf dem Main wird getestet, Dinkel sagt: „Wenn die Strömung zu stark war, sind wir halt auf der Seite des Flusses gefahren." Ute Biermann-Hohn, Tochter von Hildegard Biermann, sie hat eine Ausbildung als Fotografin, fotografiert den „Tigerhai" auf dem Main. Es sind professionelle Fotos, die auch für den Tigerhai-Katalog verwendet werden. Einige dieser Fotos verkauft sie an die deutsche Presseagentur dpa, von dort aus finden sie ihren Weg in zahlreiche Tageszeitungen. Ute Biermann-Hohn lebt in München, hat dort unter anderem als Filmfotografin für Rainer Werner Fassbinder, R. Hauff, Helmut Dietl und H. Griesmayr gearbeitet.

Selbst fährt Ute Biermann-Hohn auch auf dem Main mit, inklusive Tauchgang. „Gesehen hat man nicht viel, der

Main ist in diesen Jahren furchtbar dreckig". Tatsächlich betreiben zu dieser Zeit nur wenige Kommunen brauchbare Kläranlagen, der Fluss ist verschmutzt und durch Waschmittelrückstände überdüngt. An den Schleusen türmen sich riesige, gelblich-braune Schaumberge.

Die Abschlusstests sind im Dezember 1963, erst bei eisigen Temperaturen im Starnberger See, danach in der Wasserrinne der Versuchsanstalt Berlin. Der „Tigerhai" meistert alle Tests. Der Germanische Lloyd in Hamburg, der für die Sicherheit der Wasserfahrzeuge zuständig ist, nimmt den „Tigerhai" endgültig ab.

Die Versuchsanstalt für Wasserbau und Schiffsbau Berlin (VWS) gibt am 24. Januar 1964 einen offiziellen Bericht (Nr. 265/64) über „Probefahrten mit einem 2-Personen-Sporttauchboot". Der Bericht umfasst fünf Textseiten, acht Bilder und zwei Tabellen. Auftraggeber ist die Firma Silverstar-Biermann aus Wertheim/Main, Versuchsobjekt die „Großausführung eines 2-Personen-Sporttauchbootes", Maßstab 1:1. Unterzeichnet haben Prof. Dr.-Ing. S. Schuster sowie Dipl. Ing Chr. Boes.

Minus zehn Grad im Starnberger See

Schuster und Boes berichten, anlässlich der statischen Überprüfung des Bootes durch den Germanischen Llyod am 19. und 20. Dezember 1963 sollte ein Teil der Messungen im Starnberger See ausgeführt werden. Die Wetterverhältnisse seien jedoch extrem ungünstig gewesen, Außentemperatur minus zehn Grad, Wassertemperatur plus zwei Grad. Offensichtlich eilt es die Herren Dinkel und Biermann sehr, sie wollen das Boot noch in diesem Jahr mit dem Prüfsiegel versehen haben. Sonst hätten sie günstigeres Wetter abgewartet.

Die Festigkeitsprüfungen des Germanischen Lloyds nehmen wegen des widrigen Wetters mehr Zeit als vorgesehen in Anspruch. Schuster und Boes haben nur rund vier Stunden zur Verfügung. „Die Erprobung des Bootes musste sich daher aus zeitlichen Gründen und wegen des starken Nebels über dem Starnberger See auf die Überwasserfahrt beschränken. Lediglich zur Überprüfung der Stabilität wurden Tauchversuche ohne Fahrt vorgenommen."

Das reicht natürlich nicht für die Zulassung. Um bei weiteren Versuchen unabhängig von den Wetterbedingungen zu sein, finden die weiteren Erprobungen vom 13. bis 17. Januar in der großen Schlepprinne der VWS statt. Diese ist 250 Meter lang, acht Meter breit und 4,90 Meter tief. Kapitän Steenwerth, bereits bei den Vortests am Steuer, beherrscht das Boot so gut, dass er in der relativ schmalen Schlepprinne frei fahren und ohne Hilfe von außen auch wenden kann.

Die technischen Messungen ergeben unter anderem, dass die angegebene Leistung des AEG-Motors voll mit den Angaben übereinstimmt. Das 5,30 Meter lange Boot fährt auch fast die angegebenen 10 km/h (Schuster bescheinigt 9,5 km/h) über und 7 km/h unter Wasser. Die Stoppzeit aus voller Fahrt beträgt bei rückwärts schlagendem Propeller drei Bootslängen. Der Drehkreis beträgt annähernd drei Bootslängen, im engen Bootskanal sind dazu drei Umsteuermanöver notwendig. Das Boot ist wendig. Zum Tauchen selbst stellt der VWS fest, dass das

Boot bei vollem Tiefenruderanschlag und voller Fahrt einen Schiebewinkel von maximal 15 Grad erreicht. Durch Feinregulierung des Wasserstandes in den Trimmzellen könne das Boot fast im Schwebezustand gehalten werden „und aus diesem Zustand mit Fahrt sowohl tauchen, auftauchen und manövrieren".

Professor Schusters Beurteilung: „Die Geschwindigkeit ist für ein Boot mit einer Verdrängung von 1,5 Kubikmeter beachtlich und liegt über der von Henschke angegebenen Geschwindigkeit für Motorboote gleicher Verdrängung. Die Quer- und Längsstabilität des Bootes war über Wasser ausreichend, unter Wasser gut. ....Die Manövriereigenschaften des Bootes sind sowohl unter als auch über Wasser ausgezeichnet. Besonders hervorzuheben ist die Möglichkeit, das Boot unter Wasser ..... fast im Schwebezustand halten zu können.

Der Germanische Lloyd berichtet bereits am 24. Dezember 1963 – also an Heiligabend, offensichtlich drängt die Zeit – an Prof. Dr. Ing. S. Schuster vom VWS (passende Adresse Berlin-Schlachtensee, Marinesteig 39) über die Messungen am Starnberger See. Danach haben die Prüfer das unbemannte Boot auf 15, 30 und 44 Meter Tiefe gelassen und dabei den Druck des Wassers und die Widerstandsfähigkeit des Bootskörpers gemessen. Die Herren vom Germanischen Lloyd teilen die Daten ohne weiteren Kommentar mit, offensichtlich sind sie in Ordnung.

Ausführlicher wird Oberingenieur Heinz Docter aus Berlin-Charlottenburg in der Fachzeitschrift „Boot- und Schiffbau" (vermutlich Anfang 1964). Docter stellt das Boot mit allen Daten vor. Entwickelt worden sei das

Tauchboot unter der technischen Leitung von Prof. Dr. Ing Siegfried Schuster, dem Chef der VWS. „Es darf als technisch ausgereift bezeichnet werden". Die Formgebung des Bootes sei durch Dipl. Ing. Boes erfolgt, während die Statik von Dr. Ing. Weiß bearbeitet wurde. Die Festigkeit des Schiffskörpers sei vom germanischen Lloyd „unter härtesten Bedingungen) im Starnberger See in 45 Meter Wassertiefe geprüft worden. Die kritische Wassertiefe solle jedoch erheblich tiefer liegen. Jedes Boot soll vor der Auslieferung in einer besonderen Druckkammer geprüft werden.

„Bequeme Beobachtung der Unterwasserwelt"

Docter gibt erstmals einem breiteren Publikum eine Vorstellung, wo der „Tigerhai" eingesetzt werden kann. „Der zweite Mann besitzt völlig freie Hand und kann sich seiner Aufgabe als Beobachter widmen. Hierzu werden bei Unterwasserfahrt die Objekte mittels Handscheinwerfer angeleuchtet. Auf diese Weise ist die Untersuchung von Schiffen, Propellern, Rudern, Schleusen, Staudämmen, Kanal- und ähnlichen Anlagen möglich. Ferner können Unterwasserströmungen und Fischschwärme beobachtet werden. Für Sporttaucher ergibt sich eine bequeme Beobachtung der Unterwelt des Meeres."

Auch das Militär ist interessiert

Auf die Möglichkeit, den „Tigerhai" auch militärisch einzusetzen oder zu Spionagezwecken – er ist wendig und wegen der Kunststoff-Bauweise schwer ortbar –, weist Docter in der Fachzeitschrift nicht hin. Da kommen die entsprechenden Herren nach der Lektüre schon selbst drauf. Und besuchen bald Anton Dinkel in Wertheim. Militärs und Geheimdienste westlicher und arabischer Staaten zeigen Interesse. Natürlich auch Spione der großen, siegreichen Sowjetunion. Sagt Dinkel.

Belegt ist, dass Raketenbauer Mebus (??), mittlerweile bei BMW in München (so Dinkel), öfters in Wertheim war. Adolf Galland, höchstdekorierter deutscher Flieger des Zweiten Weltkrieges, kommt nach Wertheim, soll den „Tigerhai" in Australien vermarkten. Dinkel hat auch Kontakt zu Sergej Sikorski, Sohn des weltberühmten Hubschrauber-Pioniers Igor Sikorski oder Sikorsky. Vater Igor war wegen der Revolution von Russland in die USA emigriert und hatte dort – mit finanzieller Unterstützung des Komponisten Rachmaninoff – den Hubschrauber entwickelt. Jetzt könnte, träumt Dinkel, mithilfe von Sergej Sikorski bald auch sein U-Boot fliegen.

Dinkel ist in puncto militärischer Einsatz weniger zimperlich als Docter in dem Fachartikel. Er will den „Tigerhai" vermarkten. Als Einsatzzwecke gibt er in einem englischsprachigen Prospektblatt neben von Docter genannten technischen Inspektionen auch „underwater research – archäologische Untersuchungen, Schiffs- und Schatzsuche - sowie „military operations" an. Dinkel führt Überwachung von militärischen Anlagen, Häfen und Kriegsschiffen auf, dazu Aufklärungsfahrten und Einsätze gegen feindliche Froschmänner. Der „Tigerhai" soll Unterwasser-Minen aufspüren, ebenso feindliche Schiffe und Untersee-Boote. Auch zum Training von Froschmännern und U-Boot-Leuten sei der „Tigerhai" geeignet.

Über die Fahreigenschaften berichtet Docter, das Boot könne durch Fluten getrimmt werden, aber auch aus Überwasserfahrt dynamisch tauchen. Die Steuerung erfolgt durch Balance-Seitenruder im Heck und durch Balance-Tiefenruder im Bug über Handräder. Er gibt die bekannten Daten über Tauchdauer und Geschwindigkeit wieder, informiert über die Plexiglaskuppeln (510 Millimeter Durchmesser bei 15 Millimeter Wandstärke) sowie über den wasserdicht gekapselten AEG-Motor mit vier Spezialbatterien von 12 Volt und 135 a/h.

Interessant sind die Angaben zu Pressluft, Sauerstoff und Rettungsmöglichkeiten. „Zum Ausblasen der Tauchtanks und der Trimmtanks sowie zur Belüftung dienen fünf Preßluftflaschen (davon eine Reserveflasche) in Normalausführung mit einem Gesamtluftinhalt von 27 Litern bei 200 Atü, zwei Sauerstoffflaschen (davon eine Reserve) mit einem Gesamtinhalt von 6 Litern bei 200 Atü. Luftreinigung von Kohlensäure erfolgt durch ein Gerät der Firma Dräger."

Weiter: „Für den Notfall sind zwei Preßluft-Tauchretter vorhanden. Muß man bei gesunkenem Boot aussteigen, legen die Fahrer die Tauchretter an, öffnen ein Ventil des Bootes, das Wasser in das Bootsinnere lässt, so dass Druckausgleich mit dem Außenwasser entsteht. Danach

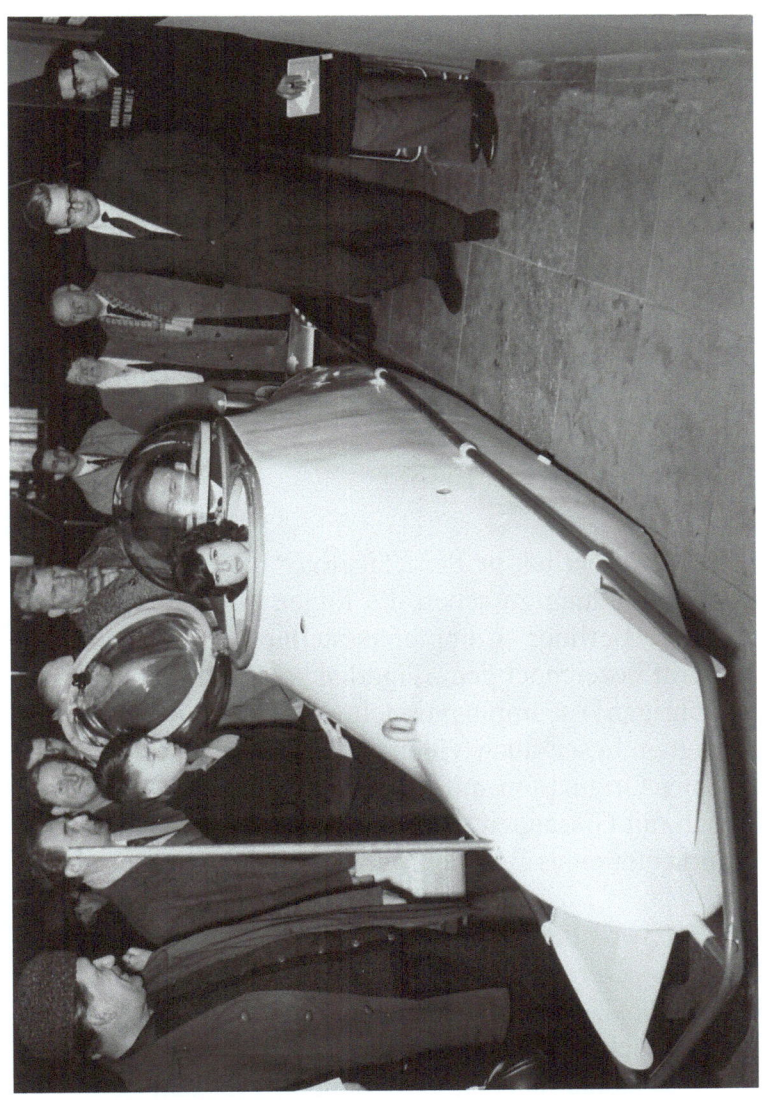

Der „Tigerhai" ist die Attraktion der Berliner Campingausstellung 1964. Zweiter von rechts bei der Vorführung: Helge Biermann, der Partner von Anton Dinkel. Foto: Archiv Biermann lassen sich die beiden Glaskuppeln ohne Schwierigkeiten öffnen und die Fahrer können schwimmend auftauchen".

Sicherheit und die Möglichkeit, auch Notsituationen lebend zu überstehen, gibt es beim „Tigerhai" also durchaus. Man muss sie freilich kennen, in Betrieb oder überhaupt an Bord nehmen und nutzen. Das ist beim Unglück im Lago Maggiore nicht der Fall. Bis dahin vergeht noch ein knappes Jahr. Ein für Dinkel und Biermann viel versprechendes Jahr.

Tigerhai" wird ein Erfolg

Erstmals öffentlich ist der „Tigerhai" auf der Hamburger Bootsausstellung zu sehen. Es folgen Auftritte in Berlin, bei der Berliner Campingausstellung im März. Ein Fotograf bezeichnet den „Tigerhai" als „den Schlager der diesjährigen Campingausstellung" und gibt dem geneigten Leser auch einen – vermutlich erfundenen – Berliner Originalton mit. „Kiek mal, det sieht aus wie´n Frosch mit Glasaugen" hört der Reporter den angeblichen Kommentar eines Berliner Steppkes.

Gezeigt wird das Mini-U-Boot auch in Amsterdam und Luzern. Der „Tigerhai" findet reges Interesse, international. Die potenziellen Kunden bestellen. Dass das Unglück im Lago Maggiore am 16. Januar 1965 alle Arbeit zunichte machen wird, ahnen zu diesem Zeitpunkt natürlich weder Anton Dinkel noch Helge Biermann.

Hauptabnehmer wird die Firma Perry Cubmarine Sales Co. West Palm Beach Florida. Die Firma gehört laut

Dinkel zum Kennedy-Clan. Sie hat selbst ein Mini-U-Boot konstruiert, allerdings ein größeres, für fünf Personen, und soll in den folgenden Jahren Weltmarktführer für kleine, zivile Unterseeboote werden. Perry Cubmarine bestellt für die nächsten drei Jahre insgesamt 63 Boote: zwölf für das Jahr 1965, 21 für 1966 und 30 für 1967, zum Preis von jeweils 10 800 Dollar oder 30 000 DM.

Die Saturnia GmbH ordert zehn Boote für die Mittelmeerländer. Chef ist der spätere Unglückspilot De Pauli oder de Paoli, der sein Geld in Düsseldorf mit italienischer Mode und italienischen Regenmänteln verdient. Die Firma Pötzl, Wallisellen, will für 1964-66 57 Boote haben. „Ferner lagen Anfragen aus der ganzen westlichen Welt vor. Auch die UdSSR war ständiger Besucher bei uns."

Dies teilt Anton Dinkel schriftlich mit. Anlass dieses Schreiben (eine Din-A4-Seite mit Zahlen und Geschichte des „Tigerhai") ist ein Vortrag von Minister Volker Hauff (BMFT) über Innovationen, auch solche der Meerestechnik, in Wertheim. Hauff ist von 1978 bis 1980 Forschungsminister. „Dies ist Anlass für die Idee, meine Weiterentwicklungen wieder aufzugreifen", schreibt Dinkel. Er hat den „Tigerhai" also auch nach der Katastrophe im Lago Maggiore nicht aufgegeben.

„Hexer" und junge Mädchen

Alfred Vohrer macht in seinem Film „Der Hexer" 1964 vor, was später – neben Action und schönen Frauen – zum Markenzeichen aller James-Bond-Filme werden wird: Er fasziniert mit neuester Technik. Und das Neueste in Deutschland ist damals der „Tigerhai"

Alfred Vohrer verfilmt den Edgar-Wallace-Stoff vom 3. Juni bis 11. Juli 1964 in den Studios der CCC Film in Berlin-Spandau, die dem legendären Artur Brauner gehören. Uraufführung ist am 21. August 1964, Auftraggeber die Rialto-Film. Horst Wendlandt produziert den Schwarz-Weiß-Streifen, in Hauptrollen sind Joachim Fuchsberger, Heinz Drache, Siegfried Lowitz, Eddi Arent, Sophie Hardy und Margot Troocer zu sehen, das Drehbuch schreibt Herbert Reinecker. Hört sich nach einem spannenden, bestens besetzten Film an. Ist aber, heute besehen, eher enttäuschend, langatmig, wirkt konstruiert. „Der Wixxer", der den „Hexer" parodiert, ist weitaus witziger.

Der „Tigerhai" kommt gut ins Bild

Aber der „Tigerhai" kommt im „Hexer" gut ins Bild, schon im Opening vor dem Vorspann. Die Sekretärin eines dubiosen Rechtsanwalts hört heimlich das Telefongespräch ihres Chefs mit. Ein Mann mit dunklen Handschuhen schleicht sich plötzlich von hinten heran, betäubt das Mädchen und schleppt es zum „Tigerhai", der in einem versteckten Hafenbecken im Keller eines Hauses wartet. Das Mädchen wird ins U-Boot gezerrt. Und am nächsten Tag tot aufgefunden.

EDGAR WALLACE
der Hexer

von Deutschlands renommiertestem Drehbuchautor Herbert Reinecker –
nach dem gleichnamigen Bestseller von Edgar Wallace

Die kluge Sekretärin des zwielichtigen Rechtsanwalts Maurice Messer findet heraus, daß der Erzschurke einen Mädchenhandel betreibt. Daraufhin wird sie kaltblütig ermordet. Ihr Bruder, der steckbrieflich gesuchte "Hexer", kehrt nach England zurück, um sie zu rächen.

Scotland Yard startet zwar sofort eine fieberhafte Suche, doch der listige Hexer führt sie immer wieder auf falsche Fährten. Es gelingt ihm, die feigen Mörder schließlich zur Strecke zu bringen. Erst dann lüftet er seine Identität: In einem atemberaubenden Coup zeigt er noch einmal, daß er doch immer einen Schritt voraus ist...

Die gefeierte „Hexer"-Verfilmung von Produzent Horst Wendlandt

KINOWELT PRÄSENTIERT EINE RIALTO PRODUKTION EIN FILM VON ALFRED VOHRER „DER HEXER"
JOACHIM FUCHSBERGER HEINZ DRACHE SOPHIE HARDY SIEGFRIED LOWITZ
MARGOT TROOGER SIEGFRIED SCHÜRENBERG EDDI ARENT KAMERA KARL LÖB MUSIK
PETER THOMAS DREHBUCH HERBERT REINECKER HARALD G. PETERSSON NACH DER
ROMANVORLAGE "THE RINGER" VON EDGAR WALLACE REGIE ALFRED VOHRER DEUTSCHLAND 1964

Den „Hexer" von Edgar Wallace in der Verfilmung von
Alfred Vohrer gibt es mittlerweile auf DVD in der
Originalversion.

Sie ist die Schwester des gesuchten „Hexers", der
mittlerweile in Australien lebt, aber nach London kommt,
um Rache zu nehmen.

Der „Tigerhai" taucht im Film buchstäblich immer wieder auf. Er dient dazu, junge Frauen aus einem angeblich sehr christlich geführten „Verein für alleinstehende Mädchen" heimlich auf ein Schiff zu bringen. Ziel: Kairo. Der „Hexer" jagt den Mädchenhändlerring. Der „Tigerhai" explodiert mitten auf der Themse, was aber kein Werk des „Hexers" ist. Der Chef des Mädchenhändlerrings räumt mit Hilfe einer zeitgezündeten Bombe einen unbequemen Mitwisser aus dem Weg. Kein Wunder, dass das echte Verschwinden eines „Tigerhai" wenig später auf dem Lago Maggiore die Phantasie der Menschen anregt.

„Spionagegefahr!"

Natürlich berichtet auch die Boulevard-Presse über die Dreharbeiten zum „Hexer". Auf einer ganzen Seite – vermutlich ist es die B.Z., die Kopie trägt keinen Vermerk – beschreibt „KOKI", wie Joachim Fuchsberger und Petra von der Linde auf den „Tigerhai" steigen, im Becken des Spandauer Filmstudios. „Die ´Käseglocken´ sind noch verschlossen" – Spionagegefahr". Um den Ausgang des Films wird medienwirksam ein großes Gedöns gemacht. Angeblich verwahrt Alfred das Drehbuch in seinem Safe, niemand darf es sehen....

Die Produktion läuft an

Dinkel und Biermann haben das alte Schlachthaus in Wertheim am Main gemietet, beginnen dort Anfang 1964 mit der Produktion. Doch zuerst gründet Anton Dinkel eine Firma, die Silverstar Produktion GmbH Wertheim. Dazu leihen ihm Wertheimer Banken Geld, als Sicherheit gibt Dinkel seine – halben - Anteile an der Firma Fahrzeugbau Dinkel inklusive Grundstücke. Rund eine Million Mark wird ihn das Abenteuer „Tigerhai" kosten, danach wird er, mit 41 Jahren, fast mittellos dastehen. Aber er schafft es, das Geld zurückzuzahlen „bis auf den letzten Pfennig", wie er sagt.

Auch Biermann gründet Firma

Helge Biermann, damals 28, gründet ebenfalls eine Firma. Er soll sich um den Vertrieb kümmern. Firmensitz ist München, „auch, um den Trubel von Wertheim fernzuhalten", so Biermann. „Es kamen ja ständig Fernsehleute, Reporter, Anrufe. Und Dinkel war in der englischen Sprache auch nicht so sicher." Biermann nimmt bei der Volksbank Wertheim Geld auf, schreibt die Silverstar Vertrieb GmbH München ins Handelsregister ein. Auch ihm bringt der „Tigerhai" kein Glück. Nach der Katastrophe im Lago Maggiore stottert er bei der Volksbank Wertheim viele Jahre lang seinen Kredit ab. Immerhin findet er gleich nach dem Untergang des „Tigerhai" eine gute Stelle bei einer großen Frankfurter Baugruppe. Nicht als Jurist, der er eigentlich ist, sondern als Organisator und Kaufmann. „Die haben mich wegen meines Renommee mit dem Tigerhai genommen."

Zehn bis 15 Mann sind im früheren Schlachthaus am Main beschäftigt, denen Dinkel laut eigener Aussage „einen Spitzenlohn von sieben Mark in der Stunde" zahlt. Aufgelegt wird zunächst eine Serie von 15 Stück, die im Laufe des Jahres fertig und auch ausgeliefert wird.

Dr. Hohn instruiert in Mittelamerika

In die USA, nach Südafrika, nach Mittelamerika. Dr. Hans-Peter Hohn, ein studierter Germanist, aber ebenfalls vom Tauchvirus befallen, ist mit Ute Biermann verheiratet, der Tochter von Dinkels Lebensgefährtin. Er fliegt zusammen mit einem „Tigerhai" nach Mittelamerika, instruiert die dortigen Käufer, die wohl eine Tauchbasis betreiben.

Die nächsten 15 U-Boote sind bereits im Bau, als der „Tigerhai" am 16. Januar 1965 untergeht und sechs Monate und drei Tage lang nicht gefunden wird. Die Kunden stornieren darauf die Bestellungen, Dinkels Investitionskraft ist zu Ende.

Einen Prozess in den USA kann er sich nicht mehr leisten, zumal er bereits einen in Südafrika verloren hat, wegen einer verrosteten Schiffsschraube. Es geht wohl um das Tauchboot, das an ein maritimes Forschungsinstitut in Durban geliefert wurde.

Vermutlich hat Anton Dinkel sowieso knapp kalkuliert, dazu hohe Anfangskosten wie die Entwicklung und Prüfung am VWS Berlin zu schultern. Dinkel: „Wir haben Konkurs angemeldet, die GmbH war futsch. Dabei haben wir die meisten Klein-U-Boote der Welt verkauft.

Und wenn das im Lago Maggiore nicht abgesoffen wäre, wäre es noch besser geworden." Dinkel ist zu diesem Zeitpunkt 41 Jahre.

Dinkel macht aber auch andere für sein geschäftliches Scheitern verantwortlich, namentlich das Dräger-Werk in Lübeck. „Der Dinkel muss weg, der verkauft in der ganzen Welt seine U-Boote" hätten sie gestreut, um ihn fertig zu machen. Dies sagt er im Gespräch mit dem Verfasser in seiner Wohnung in der Mittleren Flur in Wertheim. Das gehört mit Sicherheit in die Welt der Fabeln – kennzeichnet aber die Bitterkeit, die Dinkel in sich trägt, nachdem sein Lebenswerk frühzeitig gescheitert ist.

Auch Biermann hält dies für „ausgemachten Unsinn". Die Firma Dräger sei unverzichtbarer Geschäftspartner gewesen, weltweit, wohin immer ein „Tigerhai" verkauft wurde. Dräger habe auch noch lange den bereits ausgelieferten „Tigerhai"-U-Booten die Kartuschen für die CO_2-Resorptionsanlagen geliefert.

Bitter wird Anton Dinkel auch, wenn er auf den Staat zu sprechen kommt. Er hat sich wohl mehr Unterstützung für sein Projekt erhofft – stattdessen bekäme er nur eine kleine Schwerbehindertenrente wegen seines im Krieg zugezogenen Lungenleidens.

Dinkel sucht Partner - Quandt stürzt ab

Natürlich versucht Dinkel zunächst alles, um die Firma und den „Tigerhai" zu retten. Er spricht bei der Firma Messerschmitt vor, hofft, in United Aircraft USA einen potenten Partner zu finden. Die – eventuell mögliche – Zusammenarbeit mit der milliardenschweren Familie Quandt (Varta-Batterien, BMW und mehr), die ja auch Trippels Amphicar finanziert, kommt nicht zustande: Gesprächspartner Harald Quandt stürzt bei einem Alpenflug mit einem Firmenflugzeug vom Typ „King Air" ab.

Die Kontakte zu Sergei Sikorski nützen auch nichts mehr. Der Vietnam-Krieg eskaliert, die US-Army braucht viele Hubschrauber für den Dschungelkrieg. Vietnam damals ist ein Synonym für massive Bombenangriffe der US-Luftwaffe inklusive Napalm und Agent Orange. Vietnam ist aber auch der erste große Krieg in der Geschichte, bei dem die US-Bodentruppen vor allem mit Hubschraubern mobil sind. Die Sikorski-Werke jedenfalls haben Aufträge ohne Ende. Da interessiert ein Anton Dinkel aus Wertheim wenig.

Das Unglück im Lago Maggiore

„Eigentlich hätte de Pauli gar nicht tauchen dürfen, denn die Versicherung für das Boot war am 10. Januar abgelaufen", erinnert sich Dinkel 28 Jahre nach dem Unglück. Aber Eduardo de Pauli ist – darauf deuten seine Versäumnisse und Fehler bei der Unglücksfahrt - wohl ein Bruder Leichtfuß. Dass man sich mit Jacket und Schlips in den „Tigerhai" setzt, ist in dieser Zeit normal – fast alle Fotos zeigen die verschiedenen Piloten in korrektem, formellen Anzug, nicht in funktioneller Freizeit- oder Sportbekleidung. Nicht normal ist es jedoch, beim Tauchgang – und sei es ein noch so kurzer - die Atemgeräte an Land zu lassen, die Sauerstofflasche nicht aufzudrehen, den Schlüssel für den Abwurf des Ballastes zu vergessen, die Auftauchautomatik nicht zu aktivieren, eine der Kali-Patrone des CO_2-Filters falsch angeschlossen zu haben. Und den Passagier nicht darüber zu informieren, was im Notfall zu machen ist. Nicht einmal eine Handleuchte ist an Bord. Der Passagier Franco Vigano hat keine Chance.

Zum Tauchgang am Lago Maggiore am 16. Januar 1965 hat De Pauli, der den „Tigerhai" als Vertreter für die Mittelmeerländer verkaufen will, potenzielle Kundschaft eingeladen. Kennen gelernt hat er diese über einen Mann, den er bei einer Bootsmesse getroffen hat. De Pauli organisiert zudem einen Pressetermin, an dem auch Franco Vigano, geboren am 4. November 1930, und Emilio Banchi, damals 26 Jahre, teilnehmen. Er will den Lago Maggiore zu einem Sportzentrum machen, jeder soll mit seinen U-Booten unter Wasser herumkurven können. Dafür rührt er die Werbetrommel.

Der Fotograf Emilio Banchi steigt beim Tauchgang gegen 12.20 Uhr in letzter Minute nicht ins U-Boot, lässt Franco Vigano den Vortritt. Vigano, so die spätere Auskunft von Banchi, ist in Eile. Er dreht für die Nachrichtensendung der italienischen Schweiz, für „Telegiornale". Der Film soll am Abend gesendet werden. Emilio Banchi, der bei der Agentur „Publifoto" fotografiert, die für diesen Termin wiederum von der Mailänder Tageszeitung „Il Giorno" beauftragt ist, hat mehr Zeit. Das rettet ihm das Leben. Nach dem Untergang bleibt er vor Ort, weiß gegen 19 Uhr, dass keine Hoffnung mehr besteht.

Gegen 24 Uhr kehrt er nach Milano zurück, um die Fotos zu entwickeln, Erst auf der Rückfahrt, es ist Nebel, realisiert er die Situation, raucht viele Zigaretten, versucht, eine innere Ruhe zu finden, die nicht kommt. „Man kann solche Momente nicht erklären", sagt er. Heute lebt Emilio Banchi, 69, in Leinate, einer 24 000-Einwohner-Stadt wenige Kilometer nördlich von Milano.

De Pauli hat für jede Vorführung dreißig Minuten angesetzt. Banchi schießt das letzte Foto von de Pauli und Vigano. Es erscheint später unter anderem im STERN, macht das Drama am Lago Maggiore bekannt. Fotografin Ute Biermann-Hohn, die ebenfalls am Kai steht, drückt diesmal nicht auf den Auslöser. Vielleicht, weil es für sie mittlerweile Routine ist, den „Tigerhai" tauchen zu sehen.

Pauli ist nervös

Angeblich macht de Pauli, geboren am 1. März 1920, vor seiner letzten Fahrt einen nervösen Eindruck. Vielleicht fühlt er sich schon da gesundheitlich nicht mehr wohl.

Das Boot fährt über Wasser los, taucht dann bis zu den Plexiglaskuppeln ein. Und verschwindet unter Wasser. Wie oft gesehen. Nur: Es taucht nicht mehr auf. Nach dreißig Minuten nicht, nach einer Stunde nicht. Die am Ufer warten, können höchstens Taucher auf die Suche schicken. Aber der See ist groß und tief. Und sie wissen, dass der Sauerstoff nur für sechs, vielleicht für sechseinhalb Stunden reicht. Danach müssen beide Männer sterben.

Beide Männer sterben schon bevor der Sauerstoffvorrat an Bord zu Ende ist. Er wird ja nicht angetastet. Wann genau de Paulis Leben zu Ende geht, ist unbekannt. Sicher ist, dass er – sind das schon die Vorboten des späteren Herzinfarktes? – das Boot nicht korrekt trimmt, es stattdessen kopflastig und jäh dem 30 Meter tiefen Seeboden entgegenschießt. De Pauli entledigt sich noch seiner Jacke, reißt sich die Krawatte vom Hals.

„Siamo a 30 metri"

Vigano lebt länger. Er schreibt eine Notiz „Siamo a 30 metri, non troviamo la chiave per bombole". „Wir sind in 30 Meter Tiefe, finden den Schlüssel für die Sauerstoff-Flasche nicht." Der Plural lässt darauf schließen, dass zu diesem Zeitpunkt de Pauli noch am Leben ist. In welchem Zustand auch immer. Auch Vigano zieht sich das Jacket aus, lockert die Krawatte. Vermutlich verliert er bald das Bewusstsein, ist aber erst nach drei, vier Stunden tot. Spuren eines Kampfes ums Überleben werden nicht gefunden, nur eine Schuhsohle weist einen starken Abdruck auf. Die Ansichten, ob Vigano gelitten hat, gehen auseinander.

Vigano stirbt an einer CO2-Vergiftung. Normale Atemluft besteht zu 78 Prozent aus Stickstoff, zu etwa einem Prozent aus Spuren anderer Gase – davon 0,003 Prozent Kohlenstoffoxid. Sauerstoff ist zu 21 Prozent enthalten. Einen Teil des Luftsauerstoffs verbraucht der Körper bei der Atmung. Ausgeatmete Luft enthält nur noch 16 bis 17 Prozent Sauerstoff. Der Anteil von CO2 ist dafür auf vier Prozent gestiegen. Führt man keine frische Luft zu oder reichert die Luft nicht mit reinem Sauerstoff an, während man gleichzeitig das CO2 aus der Luft filtert (wie beim „Tigerhai" vorgesehen), kommt es zu immer höheren CO2-Konzentrationen.

Die einschlägige Literatur berichtet bei einer CO2-Vergiftung anfangs über leichte Euphorie mit Schwindel, man ist sich kaum einer Gefahr bewusst. Es folgen Schweißausbrüche und Kopfschmerzen, anschließend starker Schwindel, Übelkeit und Bewusstseintrübung. Danach kommt es zu Bewusstlosigkeit und Tod durch Lähmung des Atemzentrums.

„Tigerhai 2" sucht ohne Erfolg

Natürlich nehmen auch Dinkel und Biermann die Suche nach dem untergegangenen U-Boot auf. Aber die Vorbereitungen dauern. Am Mittwoch, das Unglück ist am Samstag geschehen, setzen sie von Wertheim aus einen anderen „Tigerhai" aus in Marsch. Dabei als Piloten sind die erfahrenen „Tigerhai"-Fahrer Dieter Scheurich und Dr. H. P. Hohn. Problemlos geht die Fahrt an den Lago nicht vonstatten: Bei einem Unfall wird das U-Boot beschädigt, kann aber eingesetzt werden.

Mittlerweile hat sich der *stern* die Exklusivrechte gesichert, bringt zunächst die Geschichte des Untergangs groß heraus. Dinkel erhält dafür nach eigenen Angaben 10 000 DM von der Hamburger Illustrierten. Und Post, Telefonate, Besuche von Leute, die etwas zu wissen meinen. Die Geld für ihr geheimes Wissen haben wollen. Geisterbeschauer, Seher, Kartenleger. Gleichzeitig wabert die Gerüchteküche. Die Männer seien Spione und hätten sich abgesetzt, heißt es. Ein fremder Geheimdienst habe sie entführt. Sie seien auf geheimer Mission unterwegs. Sie hätten einfach genug und wollten ein neues Leben beginnen. Und ähnlicher Unsinn mehr.

Erfolg bei der Suche hat der „Tigerhai 2" nicht. Dinkel stellt sie bereits am 30. Januar 1965 ein – „mangels Geld und wegen der Witterung." In der Zwischenzeit beschäftigt sich auch der Wissenschaftliche Dienst der Polizei Zürich/Kriminalpolizei mit dem „Tigerhai 2". Unter Leitung von Dr. J. Meier untersuchen die Schweizer, „welche technischen Möglichkeiten für den Untergang des Tigerhais I in Betracht gezogen werden müssen, sofern kein rein menschliches Versagen vorliegt." Die Beamten nehmen am 29. Januar in Campo Felice am Dock von H. Betschard das Boot unter die Lupe, kontrollieren es eingehend und analysieren Tauchmanöver wie Sicherheitsvorkehrungen. Sie kennen also das Mini-U-Boot, können später den Hergang des Unglücks beurteilen. Diese Untersuchung durch die Schweizer Kripo beschleunigt vielleicht auch die Rückreise des „Tigerhai 2" samt Crew nach Deutschland. Maßgeblich für die Aufgabe ist aber das schlechte Wetter und die damit verbundene miserable Sicht unter Wasser.

Die größte Unterwassersuchaktion, die je am Lago Maggiore stattgefunden hat, geht weiter. Eingesetzt wird auch ein neues Ortungsgerät aus England – ohne Erfolg. Der *stern* (Nr. 32/65) zeigt ein Photo dieses „Protonenmagnetometer", das metallische Teile aufspürt. Die italienischen Froschmänner Paolo Cozollino und Luciano Bellarmino entdecken schließlich den „Tigerhai" in 30 Meter Tiefe bei Campo Felice, unweit der Stelle, an der er gestartet ist.

Es ist der 19. Juli 1965. Seit dem Untergang sind mehr als sechs Monate vergangen. Am „Tigerhai" werden aufblasbare Ballons befestigt, so wird das Mini-U-Boot gehoben. Dabei zersplittert eine Plexiglaskuppel, Wasser dringt ein. Zwei Schlauchboote der Salvataggio Ascona schleppen es zu einem Dock nach Locarno, laut Dinkel das Dock von H. Betschard. Am Ufer sieht man Camper, die neugierig zuschauen. Im Wasser sind Urlauber, die fröhlich baden, schwimmen. Es ist Sommer. Was sich im geborgenen Boot verbirgt, ahnen die wenigsten.

Ein Kran hebt die traurige Fracht in die Bootswerft. Bis zur Öffnung, man wartet auf den Wissenschaftlichen Dienst der Schweizer Kriminalpolizei, sind die beiden Luken mit Zeltplanen den Blicken Neugieriger entzogen. Anton Dinkel und Helge Biermann werden sofort über die Bergung des „Tigerhai" informiert. Dinkel sieht sich gesundheitlich nicht in der Lage, nach Locarno zu fahren. Helge Biermann macht sich auf den Weg.

Angehörige geben die Suche nicht auf

Die Zeitungen berichten groß über das Unglück. Die „Corriere della Sera" vom 18. Januar 1965 titelt: Tragica Immersione a Locarno. S´ inabissa nel Lago Maggiore un sommergibilie tascabilie. Groß wird am 20. Juli auch über den Bergungserfolg berichtet, hervorgehoben, dass die beiden italienischen Froschmänner Brigadier Paolo Cozollino und Carabinieri Luciano Bellarmino vom „Centro Sommozzattori dell´Arma di Genova" den „Squalo Tigre" am Grund des Lago Maggiore aufgespürt haben. Laut Bericht stieß das Unternehmen auf ungewohnte Schwierigkeiten wegen des schlammigen Untergrunds und des kleinen Volumens des „sommergibilibe tascabile". Seit dem Untergang seien zahlreiche Versuche unternommen worden, die Position des U-Bootes zu bestimmen, auch mit den fortschrittlichsten Systemen, aber „infruttuosamente".

Das französischsprachige Taucherportal tek5.org schildert die Suche nach dem „Tigerhai bemerkenswert detailliert (tek5.org/Squalo_Tigre/preparatifs.htm). Der „Tigerhai" oder „Le Requin Tigre" sei weiß, profiliert, mit einem klingenden Namen – warum sollte das kleine U-Boot nicht zur Touristenattraktion werden? Dazu habe das U-Boot „Requin Tigre" absolute Sicherheit geboten. „Alles war kalkuliert, alles vorgesehen – deutsche Wertarbeit".

Anfangs ist noch Hoffnung

Nach dem Untergang habe Schweigen geherrscht, und die Hoffnung, das U-Boot werde bald hier oder dort wieder auftauchen. Schnell, so tek5.org, wird aber die Suche durch Taucher der Lebensrettungsgesellschaft von Locarno organisiert, unterstützt durch Seeretter aus Lugano, Mendrisio und Ascona. Es gibt noch Hoffnung, die beiden Insassen lebend zu finden. Der See wird auf drei Kilometer Länge entlang der Küste abgesucht, ohne Erfolg. Allerdings fällt der Seegrund zwischen Tenero und Magadino bald bis auf 300 Meter Tiefe ab, unerreichbar mit den technischen Mitteln, die zur Verfügung stehen.

Die Suche beginnt um 13 Uhr, wird die ganze Nacht mit Schweinwerfern weitergeführt. Über 20 Taucher sind im Einsatz, dazu ein Flugzeug Die Lebensretter von Ascona bringen eine Unterwasserkamera mit, ohne Erfolg. Das Sonargerät der Lebensretter von Mendrisio gibt ein Echo aus 30 Meter Tiefe. Taucher entdecken nur einen alten Baumstamm.

Taucher suchen jeden Tag

Die Taucher suchen jeden Tag, warten aber auch auf die Ankunft des „Tigerhai 2" aus Deutschland. Diese verzögert sich durch einen Unfall in Meggen bei Luzern. Der Lkw mit dem „Tigerhai 2" stößt mit einem anderen Fahrzeug zusammen, das U-Boot knallt auf den Asphalt und wird beschädigt. Am 20. Januar um 20 Uhr erreicht der Lkw schließlich Locarno, laut tek5.org „mit den Mechanikern Heggermann und Scheurich".

Am selben Tag kommt auch die Witwe von De Pauli mit Tochter aus Düsseldorf an, übergibt dem See einen Blumenstrauß. Am nächsten Tag wird der „Tigerhai 2" zu

Wasser gelassen, erst gegen 16 Uhr, fotografiert von zahlreichen Schaulustigen. Am Steuer sitzt Dr. Hans Peter Hohn, Copilot ist Dieter Scheurich. Die Fahrt dauert nur wenige Minuten, offenbar ein Test, ob das U-Boot nach dem Unfall noch funktionstüchtig ist.

Am nächsten Tag beginnt die Suche mit dem „Tigerhai 2" um 10.30 Uhr, vier Boote begleiten das U-Boot. Abgesucht werden systematisch 100 Quadratmeter große Felder, die mit Bojen abgegrenzt sind. Außerdem treffen Taucher der Firma Paganini & Pergassi aus Bergamo ein. spezialisiert auf Unterwassersuche in großer Tiefe. Sie haben 1957 im Bodensee ein Flugzeug der Swissair aus 220 Meter Tiefe geborgen, mit neun Insassen an Bord.

Der 24. Januar ist ein Sonntag. 5000 Schaulustige sind an den Strand von Campo Felice gekommen, sehen zu, wie Froschmänner und der „Tigerhai 2" suchen.

In den folgenden Tagen erstreckt sich die Suche auch auf das Gebiet von Magadino und auf die Mündung des Flusses Ticino. Vielleicht hat ja die Strömung das U-Boot dorthin getrieben. Am 30. Januar tritt der „Tigerhai 2" die Rückreise an. Er hat die Küste zwischen Mappo und Magadino bis zu einer Tiefe von 35 Metern abgesucht.

„Hellseher" hat auch keinen Erfolg

Lazaretto Carletti aus Morbio bietet seine Dienste an. Er hat einmal ein nach einem Verkehrsunfall zunächst spurlos verschwundenes Auto wieder aufgespürt. Er verlangt 100 Schweizer Franken am Tag und will dafür „mit 90prozentiger Wahrscheinlichkeit" den „Tigerhai" finden. Das Karnevalskomitee von Locarno stellt 1000 Franken bereit. Der „Hellseher" sucht zehn Tage. Vergeblich.

Kantonspolizei gibt auf

18. Februar: Die Kantonspolizei teilt mit, trotz engagierten Einsatzes von Lebensrettern, Tauchern, Freiwilligen und Polizisten sei die Suche ergebnislos geblieben. „Alles, was möglich ist, ist unternommen worden". Die Suchaktion werde darum zum 19. Februar eingestellt, jeder weitere Suche sei ab diesem Zeitpunkt privat – „ohne Verantwortung und Haftbarkeit der kantonalen Autoritäten".

„La Stampa" teilt am 3. März mit, dass die Familien De Pauli und Vigano die Suche nicht aufgeben werden. Es wird ein Komitee zur Suche gegründet; deren Mitglieder kommen aus Tenero, Locarno, Lugano, Gordola und Taverne. Am 21. April, mehr als drei Monate nach dem Untergang, verfassen die Eltern von Franco Vigano, Rina und Alfredo Vigano, einen flammenden Appell, die Suche nicht aufzugeben. Außerdem bitten sie den italienischen Präsidenten Giuseppe Saragat um Hilfe.

Italiener helfen

Die Bitte an Saragat hat Erfolg, mit Verzögerung. Zudem hat der Bürgermeister von Locarno beim italienischen Verteidigungsministerium um Hilfe gebeten. Am 6. Juli treffen zwei Taucher der Carabinieri aus Genua ein, Paolo Cozzolino, Jahrgang 1932, und Luciano Bellarmino, Jahrgang 1936. Beide sind sehr erfahrene Taucher.

Zunächst entdecken sie im See zwei Bomben, die von einer amerikanischen „Fliegenden Festung" aus dem Jahre 1944 stammen, ein Notabwurf.

Ab dem 10. Juli kommt High Tech an den Lago. Das Protonenmagnetometer ist bei der britischen Royal Navy im Einsatz, es spürt metallische Masse über mehrere Kilometer auf. Der „Tigerhai" hat ein inneres Stahlgerüst, eine eiserne Bodenplatte, Batterien aus Blei. Der Detektor wird von einem Boot auf zehn Meter hinuntergelassen, dann nachgezogen. Vergeblich.

Endlich, nach sechs Monaten und drei Tagen, der Erfolg. Die beiden Carabinieri entdecken den „Tigerhai", in 30 Meter Tiefe, nur 150 Meter von der Stelle entfernt, an der er abgetaucht war. Am nächsten Tag wird das U-Boot geborgen, die beiden Leichen kommen ins gerichtsmedizinische Institut Lugano. Zur Untersuchung der Unglücksursache reisen neben Dr. Meyer und Dr. Hardmeir vom wissenschaftlichen Dienst der Polizei in Zürich auch zwei italienische Experten an: Professor Luigi Ferraro, italienische Tauchlegende und Konstrukteur von Unterwasserausrüstung, und Duillio Marcante, Ausbilder der Carabinieri-Taucher in Genua. Außerdem ist der Vater von Franco Vigano dabei.

Am 26. Juli werden die beiden Taucher aus Genua im „Palais Marcacci" mit ehrenvollen Worten und Geschenken verabschiedet. Der vorläufige Untersuchungsrapport spricht von menschlichem, nicht technischem Versagen. Vigano sei „absolut nicht" über die Möglichkeit seiner Rettung informiert worden.

Die Schweizer Polizei ermittelt

Die Schweizer Polizei ermittelt gründlich, legt den Abschlussbericht im September vor.

„Am Morgen des 20. Juli 1965 begaben sich Wm. Zürcher und der Unterzeichnende nach Bellinzona, wo wir durch das Kommando nach Campo Felice chauffiert wurden" schreibt Dr. Meier. „Nach einer kurzen Orientierung durch Herrn Kommissär Ponti nahmen wir Kontakt mit der Bergungsequipe auf, die unsere Wünsche in spurenkundlicher Hinsicht sowie bezüglich der technischen Belange mit großer Sachkenntnis, ausgezeichneter Sorgfalt ... ausführte. Über wichtige Details der Bergung und vor allem über die technische Untersuchung des Bootes in Bellinzona am 21. Juli 1965 und die Analyse des sichergestellten Materials im Laboratorium erstatten wir Ihnen nachfolgend den nach bestem Wissen und Gewissen abgefassten Expertenbericht".

Aufgeführt werden jetzt alle Untersuchungsgegenstände, von den Pressluftflaschen über Viganos Halbschuhe – deren linke Rohgummisohle tiefe, frische Eindrücke und Schürfungen aufweisen – bis hin zu Viganos Notiz, die in seiner Brieftasche (!) steckt. Die eidgenössischen Beamten formulieren folgende Fragestellung: Kann anhand des Gesamtspurenbildes die Ursache des Untergangs des Tigerhai I abgeklärt werden? Sind Anhaltspunkte für Konstruktionsfehler, Wartungs- und Bedienungsfehler oder äußere Einwirkungen festzustellen?

Die Sachverständigen analysieren jede Komponente des gefundenen Bootes, halten auch das Prinzip der Luftaufbereitungs-Anlage fest. „Für Manöver bei geschlossener Kabine wird der Atemluft-Vorrat durch reinen Sauerstoff ergänzt. Aufgrund der Angaben von Herrn Dir. Biermann wird pro Minute 1 Liter Sauerstoff ausgeblasen, was nach Angabe der Firma für ein bis zwei Personen reicht. Die Flaschen sind so dimensioniert, dass eine Betriebsdauer von ca. 10 Stunden zu erwarten ist. Zum Binden der Kohlensäure besteht im Boot eine Absorptionsanlage, bei der Luft durch zwei Atemkalkpatronen gezogen wird. Diese Anlage kann durch einen Schalter in Betrieb gesetzt werden, wobei für zwei Personen eine Mindestbetriebsdauer von 6,5 Stunden angegeben wird."

Genauestens beschreibt Dr. Meier die Sicherheitsvorkehrungen. Sie beginnen bei der Tiefenbegrenzungsautomatik, die allerdings nur funktioniert, wenn zuvor zwei Pressluftflaschen a 3 Liter geöffnet und das Druckreduzierventil höher als 3,5 atü eingestellt ist. Es geht weiter mit der 230 kg schweren Ballastplatte, die „genügend Auftrieb zum Auftauchen gibt, wenn die Pressluftvorräte oder Defekte kein Ausblasen der Trimm- und Fluttanks erlauben. Diese Ballastplatze kann durch 90-Grad-Drehung einer Schraube, die zwischen Fahrersitz und Steuerknüppel am Bootsboden angebracht ist, abgeworfen werden. Zum Drehen der Schraube wird ein T-Schlüssel verwendet, der sich normalerweise am Boden in der Nähe des Piloten befindet."

Sprich: Nur der Pilot kann die Ballastplatte abwerfen. Sie ist für den Passagier nicht erreichbar – selbst wenn dieser von deren Existenz wüsste und der entsprechende Schüssel an Bord wäre. Ist er in diesem Fall nicht.

Es geht weiter mit den Tauchgeräten im Notfall, mit Reservepressluft, mit weiteren Details. Die Schweizer konstatieren, dass zahlreiche Sicherheitssysteme vorhanden sind. Aber: Es gebe keine gegenseitigen Sperrsysteme, die ein Tauchen verhindern, wenn eine der Bedingungen nicht erfüllt ist.

Genau dieses ist Vigano zum Verhängnis geworden. Die besten Sicherheitsvorrichtungen nützen nichts, wenn sie nicht aktiviert werden. Dinkel und Biermann – aber auch die Experten vom VWS in Berlin - haben sich bei den Sicherheitsvorrichtungen auf die Sorgfalt der künftigen Piloten verlassen.

Boot ist in bestem Zustand

Das Boot selbst ist bei der Bergung in bestem Zustand. Die Plexiglaskuppeln lassen sich auch nach über sechs Monaten im Wasser mit nur geringer Kraftanstrengung lösen. Die Kuppeln sind fest auf die Gummidichtung aufgepresst. Das Äußere des Bootes ist völlig intakt, die Schweizer können - im Untersuchungsbericht ist dies unterstrichen - nicht die geringsten Verletzungen feststellen. „Der Bootskörper zeigte als einzigen Alterungsschaden an einigen Stellen des Lackes eine geringe Blasenbildung".

Dinkel sagt später, dieses Unglück habe, bei aller Tragik, gezeigt, wie gut der „Tigerhai" gebaut gewesen sei. „Nach sechs Monaten im Wasser war er immer noch voll funktionsfähig. Das hätte so kein Labortest ergeben können."

Über den Zustand der beiden Toten sagt der Bericht: „Beide Leichen waren der Jacke entkleidet und trugen lediglich noch das Hemd, die Hose und die Socken. ... Die Schuhnesteln von allen vier Schuhen waren aufgeknöpft, die Schuhe ausgezogen. Herr Vigano hatte vor sich die Reporterkamera Arriflex... Aus der Lagen der Leichen ließ sich keine bestimmte Tätigkeit ablesen. Irgendwelche Kampfspuren lassen sich nicht feststellen, doch finden sich an der Sohle des linken Schuhs von Vigano tiefe Eindrücke im Gummi, die offensichtlich frisch sind. Es besteht die Möglichkeit, dass Vigano diese Einpressungen während dem Entkleiden bei einem Stemmvorgang erzeugt hat oder unter Umständen noch im Todeskampf Bewegungen ausführte."

Die Sauerstoffflasche auf der linken Seite ist – dies ist im Bericht wieder unterstrichen – korrekt mit den Lederriemen festgezurrt, der Hahn der Flasche verschlossen. Die Sauerstoffflasche ist voll, die Reinheit entspreche den Anforderungen von Medizinalsauerstoff. „Das bedeutet, dass im Boot noch ein unangetasteter Sauerstoffvorrat von ..... achtdreiviertel Stunden vorhanden war. Das Ventil ließ sich ohne Werkzeug (unterstrichen) und ohne besondere Gewaltanwendung (ebenfalls hervorgehoben) öffnen, so dass der dringende Verdacht besteht, dass man die Bombe vor oder während des Tauchvorganges und auch nachher nicht zu öffnen beabsichtigte. Nach dem Verschließen des Fahrgastraumes war der verfügbare Sauerstoffvorrat somit lediglich durch das Volumen von 1,4 Kubikmeter minus das Volumen der Körper und der mitgeführten

Materialen gegeben". Sprich: De Pauli ist, aus welchen Gründen auch immer, abgetaucht, ohne die Sauerstoffzufuhr zu aktivieren. Vielleicht will er sparen, das Wiederauffüllen der Flasche vermeiden. Denkt, für einen kurzen Tauchgang reiche die in der Kabine vorhandene Luft allemal. Zumal es ja noch die CO2-Absorptionsanlage mit zwei Atemkalkpatronen gibt.

Eine der beiden ist jedoch, so die Untersuchungen der Schweizer Beamten, nicht korrekt angeschlossen. „Das bedeutet, dass mindestens der Großteil der Atemluft nicht durch die beiden Atemkalkpatronen gesaugt worden ist. Der Ventilator hat lediglich die Luft im Fahrgastraum umgewälzt." Damit überlebt man unter Wasser nicht lange.

Die Untersuchung der Trimmkugeln ergibt, dass das Boot kopflastig ausgetrimmt war und so „kopflastig in die Tiefe sank". Ein eventueller Konstruktionsmangel der Ventile – das hintere bleibt beim Test in zwei von zehn Fällen offen hängen, nachdem es ganz geöffnet wurde – stehe damit in keinem Zusammenhang. Beide Ventile seien beim Auffinden des „Tigerhai" geschlossen gewesen.

Vigano hat den Untergang gefilmt

Vigano hat seine letzte Fahrt gefilmt. Der Spurensicherungsdienst in Zürich kann den 16-mm-Film entwickeln. Zu sehen ist auf 34 Meter Film zuerst eine Delphintauchfahrt mit De Pauli am Steuer. Nachher sind „Vorbereitungsarbeiten zweier Froschmänner" zu sehen. Zu Beginn filmt Vigano das Cockpit samt Manometer –

wichtige Indizien, dass weder Pressluft noch Sauerstoff in nennenswertem Umfang verbraucht werden. Es gibt eine Differenz im Vorratsanzeiger für Sauerstoff zwischen Viganos Film und bei der Bergung – die Schweizer Wissenschaftler wollen sich aber nicht festlegen, ob es sich um einen Druckverlust im Verlauf der Monate oder um einen echten Verbrauch handele.

Weiter im Film. Die Fahrt zum Tauchmanöver erfolgt mit geschlossenen Kuppeln, „was bei der rauen See ein Erfordernis war. Den Tauchvorgang selbst beurteilen wir aufgrund der rapiden Verdunklung als äußerst rasch, doch lässt sich anhand des Filmes nicht beurteilen, ob das Boot schon im Zeitpunkt, als noch gefilmt worden ist, extrem kopflastig absank.

In der Endphase des Filmes werden Manipulationen von De Pauli während des Tauchvorganges dargestellt, wobei man zu erkennen glaubt, dass die letzten Bilder eine nervöse Handlungsweise darstellen....", so der Untersuchungsbericht.

„Kein Versagen der Konstruktion"

Der Bericht des Wissenschaftlichen Dienstes gibt als Fazit folgende Version des Unglücks: Das Boot ist, nachdem der Motor abgestellt worden war, durch eine ungünstige Trimmung kopflastig auf 31 Meter Tiefe abgesackt. De Pauli habe noch versucht, die Reservesauerstofflasche zu öffnen. Dies sei nach einem vorigen Herzinfarkt De Pauli mit großer Wahrscheinlichkeit dessen letzte Handlung bei Bewusstsein gewesen.

Weiter sei darauf zu schließen und durch Zeugenaussagen belegt, dass Vigano keinerlei Instruktionen für Notfälle erhalten hatte und somit auch nicht wissen konnte, dass er das Boot durch Öffnen der rechten Pressluftflasche und

Emilio Banchi, hier mit Enkel, überlebt das Unglück. Er hat den Kollegen Vigano als Ersten einsteigen lassen, damit dessen Film pünktlich im TV gesendet werden kann.

Viganos letzter Blick   Foto: Emilio Banchi

der Hähne am Trimm- oder Flutsystem hätte zum Auftauchen bringen können.

„Obschon die Systeme vom hinteren Sitz aus nicht leicht zugänglich sind, hätte eine instruierte Person sich Zugang dazu verschaffen können. Diese Situation lässt sich absolut in Einklang bringen mit dem Befund der Sektion, wie er uns von Herrn Dr. Hardmeier geschildert worden ist. „Zusammenfassend ist das Unglück mit dem Tigerhai I eindeutig nicht auf ein Versagen der Konstruktion des Bootes zurückzuführen, sondern darauf, dass im Zeitpunkt der Handlungsunfähigkeit von De Pauli Herr Vigano nicht in der Lage war, Manipulationen auszuführen, die zum Auftauchen des Bootes hätten führen können. Anhaltspunkte für einen Defekt einer Anlage oder irgend eines Konstruktionsteiles des Bootes fanden wir nicht. Ebenso fehlen Spuren äußerer Einwirkungen.

Der Unfall stellt somit eine Verkettung von Ereignissen dar, die offensichtlich dadurch induziert worden sind, dass man dem Tauchmanöver einen zu geringen Gefährlichkeitsgrad zuschrieb. Eine Fehlmanipulation und die Handlungsunfähigkeit des Piloten mussten unweigerlich zur Katastrophe führen. Zürich, den 18. September 1965. Dr. J. Meier."

Anton Dinkel ist dadurch entlastet, dennoch pleite. 15 Boote sind bereits ausgeliefert, und zwar zwei nach Mexiko, sechs in die USA, eines an Saturnia – der Firma von De Pauli, wohl das Unglücksboot – eines nach Südafrika an ein Forschungsinstitut in Durban, eines in die Schweiz, zwei nach Hongkong, eines nach Schweden, eines in die vereinigten Arabischen Emirate.

Wie gesagt, ein international großes Geschäft bahnt sich an. Doch die Besteller stornieren die Aufträge. Für Rechtsstreitigkeiten bräuchte Dinkel Geld, das er ebenso wenig hat wie Helge Biermann. Biermann legt Anfang 1965 in München sein zweites Staatsexamen ab, „zwischendurch", und steht Dinkel weiter zur Verfügung. Bald ist er froh, einen Job in Frankfurt zu bekommen. Die Suche nach potenziellen Partnern gibt Dinkel lange nicht auf. Aber auch diese scheitern, wie bereits oben berichtet.

Die 15 angefangenen U-Boote liegen im alten Schlachthof. Zwei, drei vollenden Biermann und er, können sie verkaufen. Auch das deckt wieder etwas von den Schulden ab, die beide haben.

Ingenieur De Paoli, Vater eines sechsjährigen Sohnes, im „Tigerhai". Zuschauer berichten, er sei vor der Tauchfahrt sehr nervös gewesen

14 *stern*

Das letzte Bild von De Paoli (oder De Pauli) aus dem Bericht des *stern*.

US-Vertreter wirbt weiter

Das Geschäft mit dem „Tigerhai" in den USA scheint nach dem Unglück im Lago Maggiore noch keineswegs verloren, auch wenn Perry Submarines, Cubmarine Sales, die Bestellungen storniert hat.

Im Januar 1966, also ein Jahr nach dem Untergang des „Tigerhai" erscheint ein glänzend bebilderter, fünfseitiger Artikel in der US-Fachzeitschrift „Argosy" unter der Überschrift „A two-man submarine in every garage". Ein Zweimann-U-Boot in jeder Garage.

„In der häuslichen Garage"

Der Verfasser Hal Steeger spielt dabei auf die geringe Größe des „Tigerhai" an, beschreibt, wie man das Mini-U-Boot in der häuslichen Garage lagern und dann mit dem Anhänger bequem zu den attraktivsten Unterwassergebieten trailern kann. Steeger und die Fotos von William B. Ray machen richtig Lust darauf, mit dem „Tigerhai" zu tauchen. Das warme Meer vor Florida mit seinem Fischreichtum - Barracudas, Haie, viele bunte Kleinfische: Das ist doch etwas anderes als der kalte Starnberger See oder der Lago Maggiore oder gar der trübe Main. Spektakulär begibt sich Hal Steeger mit dem „Tigerhai" ins große Becken des Seeaquariums Marineland südlich von St. Augustine, beobachtet dort Sägefische, Riesenschildkröten unter Wasser. Seeger lobt die unglaubliche Sicherheit des Bootes „made in germany".

In den USA bekommt der „Tigerhai" eine andere Kuppel
– und ist gelb.   Foto Archiv Biermann

Er weist darauf hin, dass auch die Firma Perry U-Boote baut mit einer Tauchtiefe von bis zu 600 feet. Sie kosten rund 75 000 Dollar. Im Vergleich dazu seien die beiden importierten „subs", die 100 feet tief tauchen, relativ billig. Ganz im Stil eines guten amerikanischen Handelsvertreters meint Steeger, dass sich bei diesem Preis fast jeder ein solches Mini-U-Boot leisten kann. Man müsse sich nur die Kosten teilen. „Split between a number of guys, the price of a two-man sub comes down to the point, where almost anyone can afford it." Auf deutsch: Wenn sich ein paar Leute die Kosten teilen, kann sich das fast jeder leisten. Steeger verspricht technische Betreuung durch die Firma Perry Submarines, falls jemand weitere Ausrüstung wolle, das U-Boot etwa mit mechanischen Armen für Unterwasserarbeiten ausstatten wolle. Perry habe dazu das Know-How und das Equipment.

Perry bemüht sich also trotz des Unglücks im Lago, den „Tigerhai" weiter zu vermarkten. Aber ein U-Boot, das nicht wieder auftaucht, ist ausgesprochene Negativ-Werbung. Vom akribisch verfassten Untersuchungs-bericht der Schweizer Kriminalwissenschaftler, der dem U-Boot Sicherheit bescheinigt, Konstruktionsfehler als Unglücksursache ausdrücklich ausschließt, hört man in Florida wohl kaum etwas. Der „Tigerhai" ist in den USA tot.

Dinkel nach dem Unglück

Dinkel muss sehen, wie er überlebt. Und wie das Leben weitergeht. Er ist noch relativ jung, aber krank und finanziell failliert. Dinkel zieht nach dem Tod seiner Mutter zu Hildegard Biermann in die Mittlere Flur in Wertheim. Deren Ehemann, Vater der beiden Kinder, ist ja früh gestorben. Dort wird er anerkannt, trotz Krankheit und allen persönlichen Eigenheiten. Er ist nach allen Aussagen kein einfacher Mensch.

Die vielen Jahre, die Dinkel mit Hildegard Biermann in der Mittleren Flur in Wertheim zusammenwohnt, lebt er bescheiden. Öfters aber reisen beide gemeinsam in die USA, zu Verwandten seiner Lebensgefährtin. Ein Paar, das gut zusammenpasst, auch wenn die große und blonde Hildegard Biermann etwas älter ist.

Teneriffa tut ihm gut

Im Winter geht es die letzten 15 Jahre jeweils für drei Monate nach Teneriffa, zu Silvester hin, Ende März zurück, damals noch ein preiswertes Entkommen der kalten, feuchten Nebel von Main und Tauber. „Das hat ihm immer gut getan, danach ging es ihm einige Monate gesundheitlich gut," sagt Helge Biermann. „Diese Zeit in Teneriffa hat ihm gewiss einige weitere Lebensjahre gebracht."

Es ist eine makabre Ironie des Schicksals, dass der unschuldige Tote des Unglücks, Vigano, stundenlang vergeblich nach Luft rang. Dinkel, der für das Unglück wirklich nichts kann, kämpft seit seinem Kriegsleiden jeden Augenblick um Atemluft.

Dinkel baut weiter Boote, nach eigenen Angaben einige hundert. Kleine, einfache, für Fischer und Freizeitsportler. Aus GFK, das kann er. Und Anton Dinkel, der geborene Tüftler, erfindet Dinge auf ganz verschiedenen Gebieten. Für die Kindermöbelfirma Paidi in Lohr ist er als Berater tätig, ersinnt für Kinderbetten und Möbel neuartige Steckverbindungen aus Holz. Seine beste Erfindung, sagt er im Gespräch, sei ein klimatisiertes Bett. „Ein Lustgewinn für Gesunde, eine Wohltat für Kranke". Selbst lungenkrank, immer mit zähem Schleim kämpfend, übel hustend, baut er einen Absaugautomat. „Das erspart jeden Tag mehrere Stunden den Einsatz einer Krankenschwester". Immer noch hat er seinen nicht mehr ganz neuen BMW, erledigt damit Besorgungen, macht mit seiner Lebensgefährtin kleine Ausfahrten. Auch wenn er mit dem Geld haushalten muss. Sagt aber, mit trotzigem Stolz: „Ich bin keiner Bank einen Pfennig schuldig geblieben."

Nach dem Tod seiner Lebensgefährtin Hildegard Biermann, sie stirbt im Jahr 1989, lebt Anton Dinkel alleine. Er verfolgt weiter die Entwicklung der kleinen Unterseeboote, stellt aber fest, das diese sich nirgendwo durchgesetzt haben. „Der Trend geht zu den größeren Booten für Touristen, mit Besatzung, für 20 und mehr Leute."

1996 erleidet Anton Dinkel einen Schlaganfall. Helge Biermann holt ihn - er handelt wie ein Sohn, der er leiblich nicht ist – in seine Nähe in ein Pflegeheim nach Dreieich bei Frankfurt. Die letzten Wochen sind nicht schön. Dinkel kann sich nicht mehr artikulieren, hustet, spuckt Schleim, ringt nach Atem, leidet. Sein Tod am 17. Juni 1997 ist eine Erlösung.

„Tigerhai" landet im Technikmuseum

Helge Biermann, Erbe des „Tigerhai"-Projekts, sorgt dafür, dass die erhaltenen Exemplare des „Tigerhai" nicht in Scheunen um Wertheim vergammeln, sondern der Öffentlichkeit gezeigt werden. Dinkel hat dies noch abgelehnt. „Was habe ich davon"?, fragte er bitter . Eines der Tauchboote ist im Auto- und Technikmuseum Sinsheim, ein zweites, das am besten erhaltene, im Technikmuseum Speyer zu sehen.

Weitere „Tigerhai"-Rümpfe sind mehr oder weniger fertig, lagern in einer Scheune in Wertheim-Nassig. Einige davon verschenkt Helge Biermann an Münchener Filmstudenten, zu Dekorationszwecken, oder als Kulisse für Abschlussarbeiten. Per Unterschrift müssen sie bestätigen, dass sie die halbfertigen Mini-U-Boote nicht im Wasser einsetzen. Um Unglücke zu vermeiden.

Klingt wie aus einem Film.

Das Projekt „Tauchgondel"

Die Faszination „Tauchen" beschäftigt auch heute noch Tüftler, Ingenieure, Erfinder. Immer wieder sinnieren sie, wie man Laien die Unterwasserwelt näher bringen kann. Hier das Projekt der „Tauchgondel". Ausschnitt eines Artikels vom Sommer 2008:

Mit der Gondel in den See abtauchen

ÜBERLINGEN (bgw) – Die Stadt Überlingen will mit einer Tauchgondel ihre touristische Attraktivität zu steigern. Dieses High-Tech-Gerät bringt 30 zahlende Gäste rund fünf Meter tief in den Bodensee. Möglicher Standort ist am westlichen Ufer der Stadt. Ein Prototyp der Tauchgondel ist seit 2006 im Ostseebad Zinnowitz in Betrieb, mit bislang rund 60 000 Besuchern.

Eine weitere, größere Tauchgondel für 30 Personen wird derzeit an der Spitze der 384 Meter langen Seebrücke in Sellin auf der Ostseeinsel Rügen montiert. Eine dritte soll in Grömitz/Schleswig Holstein entstehen. Die Betreibergesellschaft des Wolgaster Konstrukteurs Andreas Wulff wartet auf die Baugenehmigung.

Interesse an den Tauchgondeln gibt es zudem an Tourismus-Standorten in der Türkei, es laufen konkrete Verhandlungen. Gespräche werden mit potenziellen Betreibern in Ägypten, Kroatien, Griechenland, den USA sowie in den Ostsee-Anrainerstaaten geführt. Matthias Groth vom Tauchgondelvertrieb mit Sitz in Stralsund, der den „Fahrstuhl in die Tiefe" auch in Überlingen vorgestellt hat: „In manchen Ländern wie Ägypten sind

Die stationäre „Tauchgondel" ist bereits an der Ostsee in Betrieb – in Zinnowitz sowie hier in Sellin (Rügen).

Foto: Matthias Goth

die Baugenehmigungen sehr kompliziert. Aber das Interesse ist da."

Die Idee Tauchgondel kam dem Wolgaster Ingenieur Wulff bei einem Urlaub in Teneriffa. Dort laden Mini-U-Boote zu Tauchfahrten ein. Wulff tüftelte vier Jahre, bis er seine „Tauchkammervorrichtung, insbesondere zur Beobachtung der Wasserwelt" dem Patentamt vorlegen konnte. Die Tauchgondel ist ein runder, druckfester Raum, in erster Version mit einem Durchmesser von 7,10 Metern. Ausgestattet ist sie mit 17 großen Fenstern aus sechs Zentimeter dickem Sicherheitsglas. 24 Besucher plus zwei Besatzungsmitglieder gleiten an einem im Boden verankerten Pylon lautlos in die Tiefe, angetrieben von zwei Elektromotoren. Nach 45 Minuten geht es wieder nach oben. Fahrpreis in Zinnowitz: 7 Euro. Alle wichtigen Systeme sind doppelt ausgelegt, zur Sicherheit gibt es vier Notausstiege. Theoretisch sind 20 Meter Tauchtiefe möglich, Wulff hält dies für wenig sinnvoll, da dann eine Druckkammer installiert werden müsste. Acht Meter seien genug – zumal der Tauchgast mit jedem Meter Tiefe weniger sieht.

Dass es unter Wasser nur in tropischen Gewässern viel zu entdecken gibt, ist ein Problem. Am Bodensee stellt sich Vertriebsmann Goth zumindest einen prickelnden Blick auf die Abbruchkante vor – bei Überlingen fällt das Ufer steil bis auf 140 Meter Tiefe, was immer wieder Taucher fasziniert, ihnen aber auch immer wieder zum Verhängnis wird. Der „Teufelstisch" auf der gegenüberliegenden Seeseite ist berüchtigt wegen der vielen tödlichen Tauchunfälle. Felchenschwärme, die irgendwann mit Butter und neuen Kartoffeln auf den Touristentellern landen, wird man eher weniger sichten.

„Nemo" in Frankfurt/Oder

In Frankfurt/Oder hat die „Nemo Tauchtouristik" ein zweisitziges Mini-U-Boot vorgestellt. Es hat frappierende Ähnlichkeiten mit dem „Tigerhai", ist allerdings kürzer und aus Stahl gebaut. Vom „Tigerhai" aus Wertheim haben die ostdeutschen Konstrukteure noch nie etwas gehört.

Das Mini-U-Boot taucht im Helenesee, einem ehemaligen Braunkohlentagebau unweit Frankfurts. Außerdem soll das Boot in Löbejün bei Halle, einem ehemaligen Steintagebau, zum Einsatz kommen, auch bald in Zingst/Ostsee.

50 Anlegestellen in europäischen Gewässern plant die „Nemo Tauchtouristik", noch reine Zukunftsmusik. Eine Stunde Fahrt mit dem knallig-orangen Gefährt soll 120 Euro kosten, wer selbst fahren will, kann künftig in speziellen Tauchschulen die „Nemo-Lizenz" erwerben. Ein „Tauchboot für jede Garage", wie die US-Werbung des „Tigerhai" versprach, ist es mit einem Stückpreis „unter 150 000 Euro" allerdings nicht.

Ersonnen hat das nur 3,95 Meter lange Gefährt, das mit seinen Plexiglaskuppeln verblüffend dem „Tigerhai" ähnelt, der Potsdamer Reinhard Küster.

Es ist, im Gegensatz zum „Tigerhai", ganz aus Edelstahl gefertigt, wiegt 1700 Kilogramm und ist damit trailerbar. Es soll 50 Meter tief gehen und verfügt als erstes Mini-Tauchboot überhaupt über einen Brennstoffzellen-Hybridantrieb.

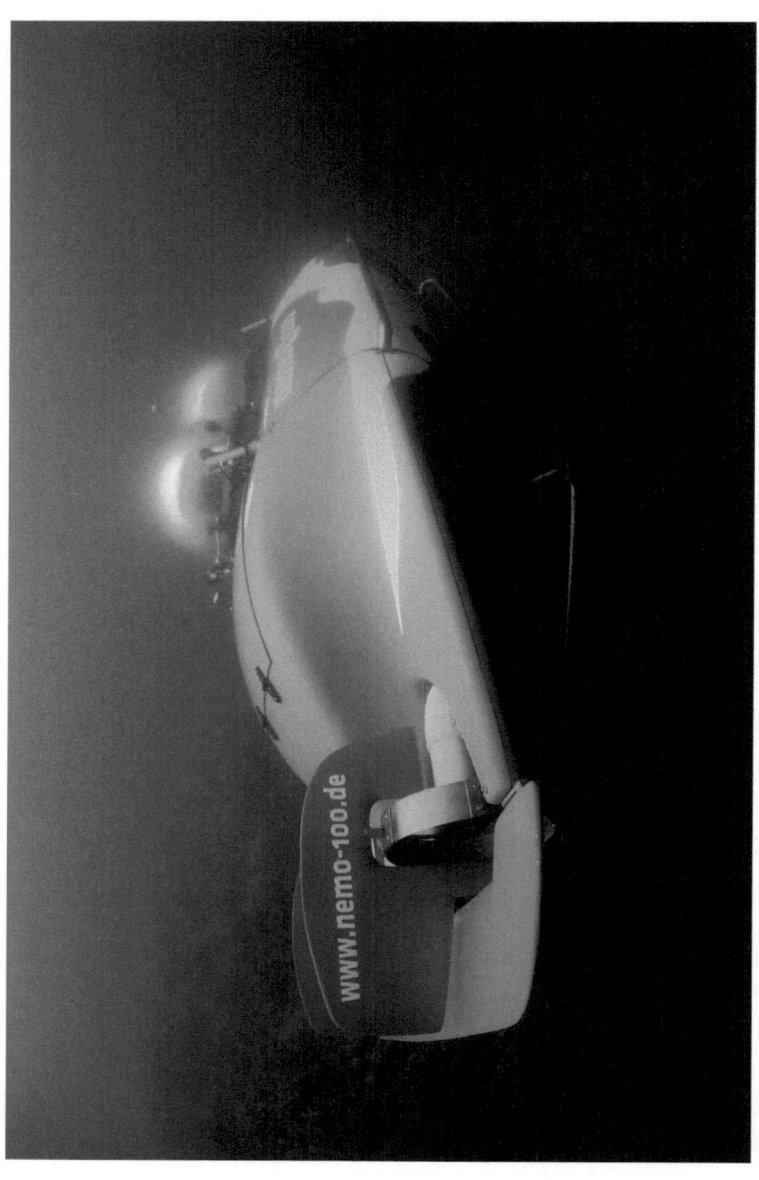

Die „Nemo" taucht derzeit vor allem bei Frankfurt/Oder.
Die Pläne sind ehrgeizig.   Foto: Lingelbach

So die ursprüngliche Planung. Weil der Brennstoffzellen-Antrieb teuer und doch nicht so serienreif wie gedacht ist, verzichten die Konstrukteure jetzt darauf, nehmen herkömmliche Elektrotechnik.

An die Sicherheit hat Küster natürlich besonders gedacht, ein Slogan seiner Werbung lautet „Mit Sicherheit ein Abenteuer". Vor dem Hintergund des „Tigerhai"-Untergangs – den Küster nicht kannte – ein eher gewagter Slogan. Jedes Nemo-U-Boot ist auf doppelte Tauchtiefe getestet, hat mehrere unabhängig voneinander arbeitende Notaufstiegssysteme und wie der „Tigerhai" ein Abwurfgewicht, das hier allerdings nur 100 Kilogramm wiegt. Für den Fall eines Notausstiegs gibt es für jeden der beiden Insassen eine komplette Tauchausrüstung. Im Gegensatz zum „Tigerhai" kann „Nemo" von beiden Plätzen aus gesteuert werden. Die Luftversorgung besteht, wie gehabt, aus einem Sauerstoffsystem mit CO_2-Wäsche und soll für 70 Stunden reichen.

Die „Nemo Tauchtouristik" sieht für Unterwasserfahrten einen großen Markt. „Die Zahl derer, die jemals ein U-Boot gefahren haben, beträgt weniger als 0,1 Prozent der Weltbevölkerung", rechnen sie sich aus.

Das Abenteuer Tauchen geht also weiter....

Literatur und Quellen

Gespräche des Verfassers mit Anton Dinkel (1993), mit Helge Biermann, Ute Biermann-Hohn, Erich Langguth und anderen (alle 2008)

Korrespondenz mit Emilio Banchi (2008)

Erich Langguth/Heinz Finke: Wertheim. Verlag Weidlich Frankfurt 1969

Hasso Erb: Schwimmwagen. Motorbuch-Verlag Stuttgart, 1980

Berghoff/Rauh-Kühne: Fritz K. Ein deutsches Leben im 20. Jahrhundert. DVA 2000

Norbert Gierschner: Wege in die Tiefe, Aus der Geschichte des Tauchens - Zeittafeln, Episoden und Literaturhinweise. 144 Seiten DIN A 4, 108 Abbildungen, 38 Seiten Bibliografie, ISBN 3-937522-10-7, gebundener Ladenpreis 13,80 Euro.

stern 5/1965: Ein Spielzeug wurde ihr Sarg, stern 32/65, 8. August 1965: Warum sank das U-Boot im Lago Maggiore? Der Tod im „Tigerhai"

H.R.: Mini-U-Boot Tigerhai, Delphin 12, 1965

Jong, E. de: Tigerhai: Ein Tauchboot für zwei Personen. Neptun 4, 1964

DVD: Der Hexer. Originale Kinofassung 1964, Kinowelt

Lanek, W.J.: Wo blieb der Tigerhai? Delphin 12, 1965

Zu Hanns (Hans) Trippel:: Wikipedia und eigene Quellen

Boot – und Schiffsbau, Fachzeitschrift für Boot-, Yacht-, Fluß- und Küstenschiffbau, Heinz Docter, undatiert (vermutlich Frühjahr 1964): Zwei-Mann-Tauchboot „Tigerhai" aus Glasfaserkunststoff

Werbeblätter von Anton H. Dinkel (zwei Seiten in englischer Sprache): Tigerhai – the first submarin, which is total made of synthetic material

Memo von Anton Dinkel anlässlich des Besuches von Minister Dr. V. Hauff in Wertheim (ein Blatt)

Bericht der Versuchsanstalt für Wasserbau und Schiffsbau Berlin, Bericht Nr. 265/64

Bericht des Germanischen Lloyd, Hamburg, 24. Dezember 1963

Bericht des wissenschaftlichen Dienstes der Schweizer Polizei, Zürich, vom 18. September 1965

Holger Kreitling: Wasserwunderkind Amphicar, mare 8/9 2006

Hal Steeger: A two-man submarine in every garage. Argosy 1/66

La Ricerca dello "Squalo Tigre". www.hdsitalia.com/articoli/29_squalotigre.pdf

Herzlichen Dank

an Ute Biermann-Hohn (München) für zahlreiche Fotos, an Helge Biermann (Dreieich) für ausführliche Erinnerungen sowie für Korrekturen, an Norbert Gierschner vom „Tauchbüro Berlin" für seine freundliche Hilfe, an Erich Langguth (Wertheim) für stets geduldig und ausführlich erteilte Hinweise, an das Archiv von Gruner & Jahr für die alten *stern*-Berichte sowie an alle, die Auskunft gegeben haben.

Der „Tigerhai 2" ist im Technischen Museum Speyer zu bewundern.   Foto: Niemzik